DU[

Komma, Punkt[
Satz[

DUDEN-TASCHENBÜCHER
Praxisnahe Helfer zu vielen Themen

DUDEN

Komma, Punkt und alle anderen Satzzeichen

Mit umfangreicher Beispielsammlung

3., neu bearbeitete
und erweiterte Auflage
von Franziska Reuter

DUDENVERLAG
Mannheim·Leipzig·Wien·Zürich

Redaktion:
Dr. Werner Scholze-Stubenrecht

Illustrationen:
Steffen Hemme

Die Deutsche Bibliothek – CIP-Einheitsaufnahme
Reuter, Franziska:
Duden Komma, Punkt und alle anderen Satzzeichen:
mit umfangreicher Beispielsammlung / von Franziska Reuter. –
3., neu bearb. und erw. Aufl. –
Mannheim; Leipzig; Wien; Zürich: Dudenverl., 1998
(Duden-Taschenbücher; Bd.1)
Früher u.d.T.: Berger, Dieter:
Duden Komma, Punkt und alle anderen Satzzeichen
ISBN 3-411-04913-8

Das Werk wurde in neuer Rechtschreibung verfasst.

© Bibliographisches Institut & F. A. Brockhaus AG,
Mannheim 1998
Satz: Universitätsdruckerei und Verlag Hermann Schmidt, Mainz
Typographie: Raphaela Mäntele, Heidelberg
Druck: Ebner, Ulm
Bindearbeit: Augsburger Industriebuchbinderei GmbH
Printed in Germany
ISBN 3-411-04913-8

Die Zeichensetzung im Deutschen gilt als besonders schwierig, vor allem die Kommaregeln erscheinen vielen als undurchschaubar. Dabei wird meist vergessen, dass man viel mehr Texte liest als schreibt. Beim Lesen aber sind richtig gesetzte Satzzeichen eine unverzichtbare Hilfe, die uns schnell erfassen lassen, wie ein Satz gebaut ist, welche Teile zusammengehören und wo beispielsweise eine wörtliche Rede oder ein weniger wichtiger Zusatz eingefügt ist. Ein Text »ohne Punkt und Komma« macht dem Leser doppelte Mühe, falsch gesetzte Zeichen führen zu Missverständnissen.

Wie umfangreich und genau müssen also Zeichensetzungsregeln sein, damit die Zeichen eine verlässliche Lesehilfe sind? Sicher nicht so kompliziert wie das bisherige Regelwerk: Auf etliche Sonderregeln und Spitzfindigkeiten kann man getrost verzichten. Der Beschluss zur Neuregelung der deutschen Rechtschreibung vom 1.7.1996 bringt hier deutliche Vereinfachungen, etwa bei der Kommasetzung vor *und*. Genauso wichtig wie die neuen Regeln ist aber die neue Systematik der Zeichensetzung. Sie lässt wesentlich besser erkennen, welcher Logik die einzelnen Regeln folgen.

Die Neuregelung gab den Anstoß, »Komma, Punkt und alle anderen Satzzeichen« von Grund auf zu überarbeiten, zu aktualisieren und zu ergänzen. Die vorliegende Auflage enthält die geänderten Regeln, ihr Aufbau folgt im Wesentlichen der neuen Systematik. Für die kritische Durchsicht des Manuskripts danke ich Herrn Dr. Peter Gallmann, der als Mitglied der Zwischenstaatlichen Rechtschreibkommission wesentlichen Anteil an der Erarbeitung des neuen Regelwerks hatte.

Der Schwerpunkt des Buches liegt auf einer ausführlichen Erklärung des Regelwerks und seiner Prinzipien. Deshalb eignet es sich besonders gut dazu, Regeln im Zusammenhang nachzulesen. Dank des ausführlichen Registers kann man das Buch aber auch zum Nachschlagen von Einzelproblemen verwenden, die beim Schreiben auftreten. Die vorgestellten Lösungen sind nicht immer die einzig möglichen, sondern haben oft den Charakter von Empfehlungen, da es weder möglich noch sinnvoll ist, für jede denkbare Satzkonstruktion die Zeichensetzung genau festzulegen.

Bei der Neubearbeitung dieses Taschenbuchs wurden die Vorzüge der älteren Auflage von Dieter Berger beibehalten, etwa die Vielzahl von Beispielen und die bewährte Tabelle, in der man die Kommasetzung bei den wichtigsten Konjunktionen (wie *aber, als, dass*) und satzeinleitenden Adverbien (wie *dagegen, nämlich, teils – teils*) rasch nachschlagen kann. Geblieben ist auch die Beschränkung auf die eigentlichen Satzzeichen: Wortzeichen wie Bindestrich und Apostroph werden nicht behandelt.

Ansonsten hat sich jedoch manches geändert. Die Neuauflage bietet dem Benutzer eine bessere Orientierung, etwa durch wiederkehrende Symbole und die optische Hervorhebung wichtiger Regeln. Die Sprache ist klarer, der Aufbau benutzerfreundlicher. Die Regeln und Bauformen der wörtlichen Wiedergabe zum Beispiel kann man jetzt in einem eigenen Kapitel ohne Hin- und Herblättern nachlesen. Neu sind nicht zuletzt die Zeichnungen von Steffen Hemme, die zeigen, dass Rechtschreibung nicht immer bierernst sein muss.

Heidelberg, im März 1998
Franziska Reuter

Zeichenerklärung

Drei Symbole werden Sie in diesem Buch immer wieder antreffen.

Das Maussymbol weist auf nützliche Praxistipps hin, die Ihnen beim Schreiben und Formatieren von Texten helfen – auch über die Zeichensetzung hinaus.

Die Bombe warnt vor brenzligen Punkten, an denen man leicht etwas falsch machen kann, zum Beispiel vor Ausnahmen.

▶ Solche Dreiecke am Anfang von Kapiteln oder Abschnitten verweisen auf weitere Stellen im Buch, an denen Informationen zum jeweiligen Thema zu finden sind.

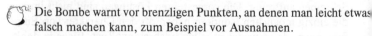

ıhalt

Die Satzzeichen sind Gliederungs- und Lesezeichen. Während die Sprechenden ihre Worte durch die Betonung, durch Heben und Senken der Stimme, durch Rhythmus und Tempo gliedern können, müssen die Schreibenden ihre Texte durch Satzzeichen unterteilen und so für die Lesenden verständlich machen.

Zwar sind die Satzzeichen lange nicht so alt wie die Schrift, aber wir kennen doch den Gebrauch solcher Zeichen bereits aus der Antike. Den *Punkt* etwa wandten die Römer nach griechischem Vorbild an, um auf der Wachstafel das Ende eines Satzes oder Satzabschnittes durch einen Einstich mit dem Griffel zu bezeichnen (lat. *pūnctum* »das Gestochene«). In übertragenem Sinne benannte *pūnctum* auch den so gekennzeichneten Abschnitt – wie wir heute noch von den »Punkten« einer Rede oder einer Tagesordnung sprechen. Auch *Komma* und *Kolon,* ursprünglich griechische Ausdrücke, waren den Römern bekannt. Damit waren aber – anders als beim Wort »Punkt« – keine Satzzeichen gemeint, sondern Sinnabschnitte eines Satzes oder Verses (griech. *kómma* »Einschnitt, Abschnitt«, *kōlon* »Glied«). Erst zu Beginn der Neuzeit werden diese Wörter auf bestimmte Zeichen angewandt, die die Sinnabschnitte abgrenzen: Mit *Komma* bezeichnete man ein strichpunktartiges Zeichen und schließlich den einfachen Beistrich, mit *Kolon* den Doppelpunkt, der ursprünglich ein Gliederungszeichen innerhalb des Satzes war (s. u.).

Das Mittelalter hat in seinen Handschriften nur wenige, ohne verbindliche Regeln verwendete Satzzeichen gekannt. Dabei sind möglicherweise gewisse Punkte und Striche von Einfluss gewesen, die bei der Aufzeichnung des gregorianischen Kirchengesangs gebraucht wurden, um bestimmte Kadenzen, d. h. Melodieschlüsse, zu bezeichnen. Die Forschung hat es wahrscheinlich gemacht, dass unser *Fragezeichen* aus dem *punctus interrogativus* der Gregorianik entstanden ist. Das deutsche Wort *Fragezeichen* ist erst im 16. Jh. belegt, das Wort *Ausrufezeichen* in der Form *Rufzeichen* im 17. Jh. In den älteren Schriften der romanischen Sprachen fehlt das *Ausrufezeichen* als solches überhaupt, und in Deutschland ist der Erstdruck von JOHANN FISCHARTS »Flöhhatz« (1572) wohl das älteste Zeugnis für seine Anwendung.

Noch jünger sind die *Gedankenstriche,* die erst in der zweiten Hälfte des 17. Jh.s erscheinen und im 18. Jh. ihren heutigen Namen bekommen. Die einschließenden *Klammern* dagegen kannte man schon im 15. Jh. Sie hießen zuerst mit einem griechisch-lateinischen Fremdwort *Parenthesen* (griech. *parénthesis* »das Dazwischenstellen, das Eingeschobene«), und nicht vor dem 18. Jh. kam die Bezeichnung *Klammer* dafür auf. Als *Parenthesen* werden zuweilen auch die einschließenden Gedankenstriche bezeichnet. Die *Anführungszeichen* (das Wort ist eine Lehnübersetzung des 18. Jh.s nach lat. *signum citationis*) wurden in älterer Zeit vor jede Zeile gesetzt, wenn man einen fremden Text zitierte. Für die wörtliche Rede sind sie erst seit dem 18. Jh. nachzuweisen. Ihre umgangssprachliche Bezeichnung *Gänsefüßchen* ist ursprünglich ein Buchdruckerwort und begegnet zuerst um 1800 (JEAN PAUL schreibt im »Quintus Fixlein« 1795 *Gänsefüße,* GOTTSCHED nennt sie 1749 *Gänseaugen;* auch die Bezeichnung *Hasenöhrchen* kommt dafür vor).

Ein System für die Anwendung der Satzzeichen hat sich im Deutschen erst allmählich herausgebildet. Auf einige Versuche im 15. und 16. Jh. folgte 1663 die erste Zusammenfassung in GEORG SCHOTTELS »Ausführlicher Arbeit von der Teutschen Haubt-Sprache«. Sie bietet freilich noch nicht die heute gültigen Regeln. Vor allem die Zeichen innerhalb des Satzes werden damals anders gehandhabt. Die Zeichensetzung ist noch mehr von den Sinnabschnitten der Rede, also der gesprochenen Sprache, bestimmt, weniger von der strengen Neben- und Unterordnung der Sätze im geschriebenen Text, wie sie die am Latein geschulte Grammatik verlangt. So gebrauchte man als Begrenzung eines größeren Satzabschnittes das oben erwähnte *Kolon* und für kleinere Abschnitte das *Semikolon* (= »halbes Kolon«). Die deutschen Namen dieser Zeichen, *Doppelpunkt* und *Strichpunkt (Strichpünktlein),* stammen aus SCHOTTELS Zeit. Der *Doppelpunkt* bezeichnete also damals eine stärkere Grenze im Satzgefüge. Oft trennte er den Schlussteil einer längeren Periode ab; daraus hat sich wohl seine Funktion als Ankündigungszeichen entwickelt. Erst im 18. Jh. wird der Doppelpunkt endgültig mit der wörtlichen Rede verbunden. Als Trennungszeichen ersetzt ihn seitdem der Strichpunkt.

Das Komma aber, heute unser wichtigstes und in der Anwendung schwierigstes Satzzeichen, gewann in SCHOTTELS Zeit erst allmählich an Bedeutung. In der Antiqua zwar – für den Druck lateinischer Texte – ist es bereits im 16. Jh. vorhanden; denn es gehört zu dem

System lateinischer Satzzeichen, das der venezianische Drucker ALDUS MANUTIUS 1566 aufgestellt und in seinen sorgfältigen Drucken beispielhaft angewandt hatte. In der Frakturschrift dagegen musste das Komma (SCHOTTEL nannte es *Beistrichlein*) erst den Schrägstrich, die so genannte *Virgel* (lat. *virgula* »Rute, dünner Zweig«), verdrängen, ein Zeichen, das aus den mittelalterlichen Handschriften stammt und das noch in der Barockliteratur kurze Nebensätze, Einschübe und Aufzählungen voneinander trennte. Etwa um 1700 verschwindet die Virgel aus dem Fraktursatz. Mit dem heutigen Schrägstrich, der gelegentlich zur Unterteilung fortlaufend gedruckter Strophen oder als Ersatz für »je«, »oder«, »und« zum Aneinanderreihen von Namen, Wörtern, Zahlen u. a. dient, hat das alte Zeichen nur die Form gemeinsam.

In der zweiten Hälfte des 18. Jh.s bietet die Zeichensetzung schon weitgehend das heutige Bild; nur wird das Komma noch häufiger dazu gebraucht, kleine Redepausen anzuzeigen, die wir heute unbezeichnet lassen. In den grammatischen Lehrbüchern dieses Jahrhunderts, bei GOTTSCHED, HEYNATZ, ADELUNG, entwickelt sich das System, nach dem dann das 19. Jh. verfährt. Das grammatisch-logische Prinzip der Neben- und Unterordnung gewinnt allmählich das Übergewicht, wie es etwa die viel benutzte Schulgrammatik von J. C. A. HEYSE (1816, 25. Auflage 1893) oder die Grammatik von F. BLATZ (1879) zeigt. KONRAD DUDEN hat die Satzzeichen – abgesehen von einer Studie im Jahresbericht 1875/76 des Gymnasiums zu Schleiz – zuerst in seiner »Rechtschreibung der Buchdruckereien deutscher Sprache«, dem so genannten Buchdruckerduden (1903, 2. Auflage 1907), behandelt. Die dort gegebenen Richtlinien sind dann in die 9. Auflage der allgemeinen »Rechtschreibung« (1915) übernommen worden. Sie wurden seitdem ausgebaut, in manchen Einzelheiten auch vereinfacht, und ihre Darstellung wurde dem heutigen Stand der deutschen Satzlehre angepasst – bis hin zur 21. Auflage des DUDENS, die die 1996 beschlossene Rechtschreibreform berücksichtigt.

Die Zeichensetzung kann nicht mit der Strenge und Ausschließlichkeit gehandhabt werden, die den Regeln der Rechtschreibung zukommt. Denn die Zeichensetzung ist ja auch ein Mittel der stilistischen Gestaltung. Die einleitenden Worte, die KONRAD DUDEN damals für die Buchdrucker schrieb, haben heute noch Geltung: »Nicht immer lassen sich die verschiedenen Zwecke der Zeichensetzung zugleich erreichen. Zuweilen erfordert die grammatische

Gliederung ein Zeichen, wo der Redende keine Pause macht, und umgekehrt. Oft kann auch der Schreibende die Satzzeichen zur feineren Schattierung des Gedankens verwenden. Aus diesen Gründen lassen sich nicht für alle Fälle unbedingt gültige Regeln aufstellen; es muss vielmehr dem Schriftsteller eine gewisse Freiheit bewahrt bleiben. In der Hauptsache bestehen jedoch feste Regeln, die überall zu befolgen sind, wo der Schriftsteller nicht anders bestimmt.«

Der Punkt

Der Punkt ist vor allem ein Schlusszeichen. Er kennzeichnet deshalb das Ende eines Satzes oder einer Abkürzung. Als einfachstes Satzzeichen hat er daneben noch einige Sonderaufgaben, besonders bei Zahlen, die in Ziffern geschrieben werden.

Der Punkt als Schlusszeichen von Sätzen

Der Punkt steht bei fortlaufendem Text

Der Punkt kennzeichnet das Ende eines Satzes im fortlaufenden Text. Er drückt eine längere Pause aus und deutet gewöhnlich eine Senkung der Stimme an.

Der Punkt steht nach gewöhnlichen Aussagesätzen:

Ich habe ihn gestern gesehen. Es wird Frühling. Wenn es Frühling wird, kommen die Schwalben zurück. Das Kind weint, weil es seinen Schlüssel verloren hat. Und es lässt sich nicht trösten.

Der Punkt steht aber auch nach unvollständigen Sätzen sowie nach Satzstücken und einzelnen Wörtern, wenn diese für sich stehen und als Sätze, also als eigenständige Sinneinheiten, gewertet werden.

Darf nicht in die Hände von Kindern gelangen. Hier das Protokoll der gestrigen Sitzung. Hallo Markus. Ach Quatsch. Danke.

Allein stehende Satzstücke stehen häufig im Zusammenhang mit einem vorausgehenden Satz:

Kommst du morgen? *Vielleicht.*
Ich brauche einen Job. *Und eine bezahlbare Wohnung.*
Die amerikanische Läuferin hält den Weltrekord. *Noch.*
Dort bekommst du alles. *Außer Lebensmitteln.*

Wir essen pünktlich um acht. Auf jeden Fall. Auch ohne dich.

Nach Aufforderungssätzen, die ohne besonderen Nachdruck gesprochen werden, steht der Punkt an Stelle des Ausrufezeichens (vgl. 215)

Bitte geben Sie mir das Buch. Nehmen Sie doch Platz. Vgl. die Abbildung auf S. 413.

Ein Punkt wird auch gesetzt, wenn ein Satz einen indirekten Fragesatz (vgl. 203) oder einen abhängigen Ausrufe- oder Aufforderungssatz (vgl. 215 f.) enthält.

Er fragte sie, wann sie kommen wolle. (*Aber als direkter Fragesatz:* Wann willst du kommen?) Warum ich so spät gekommen sei, fragte er ärgerlich. Sie rief laut, die Post sei da. (*Aber als unabhängiger Ausrufesatz:* Die Post ist da!) Ich wünschte, alles wäre vorbei. Ich solle aufpassen, rief er mir zu.

Der Punkt steht nicht nach frei stehenden Zeilen

3 Der Punkt steht nicht nach Sätzen, Satzstücken und einzelnen Wörtern, die im Druck- oder Schriftbild in besonderen Zeilen deutlich herausgehoben sind.

Absätze, die nur eine Zeile umfassen, erhalten natürlich die nötigen Schlusszeichen, ebenso die auslaufende letzte Zeile eines Absatzes.

Datumszeile und Betreff

4 Der Punkt steht nicht nach der Datumszeile am Anfang oder Ende von Briefen und Schriftstücken sowie nach der Betreffzeile in einem Geschäftsbrief. (Zum Datum vgl. 89 ff.)

Mannheim, [den] 1. März 1981

[Betreff][1]
Einführung neuer Preislisten

Schlussformeln und Unterschriften in Briefen

5 Der Punkt steht weder nach der schließenden Grußformel eines Briefes noch nach der Unterschrift. Grußformel und Unterschrift bilden eine Einheit.

Leider werden wir uns erst nächste Woche wiedersehen, weil ich verreisen muss.

Mit herzlichem Gruß
deine Nina

Wir hoffen, dass die Waren Ihren Erwartungen entsprechen.

Freundliche Grüße
Karl Mayer GmbH
i.A. Schmidt

Der Schlusspunkt entfällt auch, wenn die Schlussformel in den letzten Satz des Briefes einbezogen ist:

Bis zu unserem Treffen am 5. 12. verbleibe ich

mit freundlichen Grüßen
Corinna Jakob

---

[1] Das Wort *Betreff* wird heute meist weggelassen.

Die frei stehende Zeile mit der Grußformel kann entfallen, wenn der letzte Satz des Briefes einen Gruß zum Ausdruck bringt:

Ich sende Ihnen herzliche Grüße aus Hamburg und freue mich auf unser baldiges Treffen.

[Ihre] Corinna Jakob

Anschriften

6 Der Punkt steht nicht nach den Zeilen der Anschrift (vgl. 34).

Frau Studienrätin
Dr. Gisela Schneider
Jenaer Str. 18

99425 Weimar

Abkürzungspunkte am Zeilenende müssen jedoch gesetzt werden[2]:

Die Gartenfreunde e.V.
– Ingo Fischer –
Hauptstr. 74

79104 Freiburg i. Brsg.

Schmidt & Müller GmbH
Personalabteilung
z. H. Frau Anne Hiltmann
Postfach 90 10 98

60450 Frankfurt a. M.

Überschriften, Werktitel u. dgl.

7 Der Punkt steht nicht nach Überschriften, Schlagzeilen, Werktiteln (etwa von Büchern, Filmen und Kunstwerken), Titeln von Gesetzen, Verträgen u. dgl. sowie nach Bezeichnungen für Veranstaltungen.

Es spielt keine Rolle, ob es sich um einzelne Wörter oder einen ganzen Satz handelt und ob die Überschrift in der Zeilenmitte oder am Zeilenrand steht. Zu Überschriften, Werktiteln u. dgl. im Satzzusammenhang vgl. 251.

Überschriften von Schulaufsätzen:
Mein schönster Ferientag
Ich reinige mein Fahrrad

---

[2] Die in Fahrplänen und Telefonbüchern oft angewandte punktlose Abkürzung von Ortsnamenszusätzen ist für die Allgemeinheit nicht verbindlich. Vgl. 13.

Überschriften von Zeitungsartikeln:
Neue Verhandlungsrunde in Bonn
Opposition fordert Kurswechsel
Serienmörder gefasst
Bergbau: Kein Kompromiss in Sicht
Der Friede ist gesichert
»Wir müssen mit den Briten verhandeln«

Werktitel:
Das große Gartenbuch
Der kaukasische Kreidekreis
Einführung in die höhere Mathematik
Christus kam nur bis Eboli (Filmtitel)

Titel von Gesetzen, Verträgen u. dgl.:
Bundesgesetz über den Straßenverkehr

Bezeichnungen für Veranstaltungen:
Konferenz über Sicherheit und Zusammenarbeit in Europa
Internationaler Ärztekongress
Unser Dorf soll schöner werden (Wettbewerb)

Jedoch müssen Ausrufezeichen (vgl. 218) und Fragezeichen (vgl. 211) am Ende der Überschrift ebenso gesetzt werden wie etwaige Satzzeichen innerhalb der Überschrift:

Wann kommt der Aufschwung?
Ein Wort, das besser ungesagt geblieben wäre!
Der Streik ist beendet. Aber ein Konsens ist nicht in Sicht

Bildunterschriften

Nach Unterschriften (Legenden) von Bildern, Grafiken, Tabellen u. dgl. kann der Schlusspunkt fehlen, vor allem wenn es sich nicht um vollständige Sätze handelt. Bildunterschriften, die aus mehreren Sätzen bestehen, schließt man gewöhnlich mit einem Punkt ab.

Die Große Krankenheilung (Radierung von Rembrandt)
Der Ministerpräsident weiht die neue Brücke ein
Bürgermeister Hans Werner: »Die Lage ist ernst«
Hüttenwesen: Schema der Erzvorbereitung

Fußnoten

9 Fußnoten, die nur einzelne Wörter enthalten, können ohne Schluss punkt stehen. Man fasst sie aber besser als verkürzte Sätze auf und setzt einen Punkt. Dies besonders, wenn Fußnoten mit ganzen Sätzen danebenstehen.

[18] Diese Regel findet sich im Duden, Rechtschreibung, 21. Auflage, 1996, S. 43.

[19] Vgl. P. Müller, 189.

[20] Ebenda.

Hervorgehobene Zeilen in Anzeigen

10 Punkt und Komma können auch am Schluss von grafisch hervorge hobenen Zeilen in Anzeigen entfallen.

Wir suchen zum 3. Oktober einen/eine

STADTJUGENDPFLEGER/-IN

Wir erwarten …

Tabellen, Gliederungen, Listen u. dgl.

11 Der Punkt steht nicht am Schluss der einzelnen Zeilen von Tabellen Abschnittsgliederungen, Inhaltsverzeichnissen, Listen, von Schul zeugnissen, Formularen u. dgl. (vgl. 34 f.).

Beispiel für eine Tabelle:

AKTIV
1. Stammform
(Präsens)

Indikativ	*1. Konjunktiv*
ich liebe	ich liebe
du liebst	du liebest
er, sie, es liebt	er, sie, es liebe
wir lieben	wir lieben
ihr liebt	ihr liebet
sie lieben	sie lieben

Beispiel für eine Gliederung:
(Auch wenn die Abschnitte einer Gliederung aus längeren Sätzen bestehen, sollte man keine Schlusspunkte setzen, wie es das folgende Beispiel eines Planes für einen Schulaufsatz zeigt. Doch kann man in solchen Sonderfällen auch den Punkt zulassen. Zur Abschnittsnummerierung vgl. 22.)

Das Fernsehen – seine Vorzüge und Gefahren

1	Einleitung: Fast jede Familie besitzt heutzutage einen Fernseher
2	Hauptteil: Folgende Gefahren und Vorzüge des Fernsehens sind zu beachten:
2.1	Die Gefahren
2.1.1	Das Fernsehen nimmt viel Zeit in Anspruch und hindert uns an anderen Beschäftigungen
2.1.2	Das vielseitige Programm verleitet zu wahllosem Sehen
2.1.3	Man verdirbt sich leicht die Augen durch zu vieles Fernsehen
2.2	Die Vorzüge
2.2.1	Das Fernsehprogramm ist sehr reichhaltig (Spielfilm und Theater, Lehrfilm, Sport, Nachrichten usw.)
2.2.2	Viele Sendungen regen zu eigenem Nachdenken an (Diskussionen, Kommentare)
2.2.3	Kranke und alte Leute können durch das Fernsehen am allgemeinen Leben teilnehmen
3	Schluss: Wenn man beim Fernsehen vernünftig auswählt, sind die Vorzüge größer als die Nachteile

Beispiel für eine Liste:

Unser Geschäft führt in großer Auswahl:
Papier- und Schreibwaren
Büroartikel
Mal- und Zeichengerät
Künstlerpostkarten
Wand- und Taschenkalender

Der Punkt als Schlusszeichen von Abkürzungen

Für die Bildung und Schreibung von Abkürzungen gibt es keine festen Regeln. Die folgenden Abschnitte stellen die wichtigsten Übereinkünfte zur Frage »Mit oder ohne Punkt?« dar, von denen es jedoch zahlreiche Ausnahmen gibt. Im Zweifelsfall muss man im Wörterbuch nachschlagen.

Abkürzungen mit Punkt

12 Der Punkt steht bei Abkürzungen von Eigennamen.

Frau Susanne B. Langenhagen ist Ihre Ansprechpartnerin. Hier hat der Dichter E.T.A. Hoffmann gelebt. Holger P. wurde eine Woche später in O. verhaftet.

13 Der Punkt steht in der Regel nach Abkürzungen, die im vollen Wortlaut der zugrunde liegenden Wörter gesprochen werden. Die abgekürzte Form kommt also nur in der geschriebenen Sprache vor.

Dazu gehören Abkürzungen für häufig gebrauchte Wörter und Fügungen, deren voller Wortlaut bekannt ist oder doch leicht festgestellt werden kann ...

Abb.	(*gelesen:* Abbildung)
Abt.-Leiter	(*gelesen:* Abteilungsleiter)
b. w.	(*gelesen:* bitte wenden!)
Dr.	(*gelesen:* Doktor)
geb.	(*gelesen:* geboren)
o. Ä.	(*gelesen:* oder Ähnliche[s])
S.	(*gelesen:* Seite)
s. o.	(*gelesen:* siehe oben!)
ü. d. M.	(*gelesen:* über dem Meeresspiegel)
usw.	(*gelesen:* und so weiter)
v. Chr.	(*gelesen:* vor Christus)
vgl.	(*gelesen:* vergleiche)
z. B.	(*gelesen:* zum Beispiel)

... Abkürzungen bei Ortsnamen ...

Frankfurt a. M.	(*gelesen:* Frankfurt am Main)
Weißenburg i. Bay.	(*gelesen:* Weißenburg in Bayern)

... sowie allgemein bekannte fachsprachliche Abkürzungen, etwa von Vortragsbezeichnungen in der Musik (vgl. jedoch 14).

cresc.	(*gelesen:* crescendo)

Der Punkt steht auch nach einigen Abkürzungen, für die gewöhnlich nicht mehr der volle Wortlaut gesprochen wird. Dazu gehören u. a.

a. D. [a de]	= außer Dienst
cand. ing. [kant insch]	= Kandidat der Ingenieurwissenschaft
Co. (*neben:* Co) [ko]	= Kompanie (in Firmennamen)
Dr. med. [doktor met]	= Doktor der Medizin
e.V. / E. V. [e fau]	= eingetragener Verein

h. c. [ha ze]	= honoris causa (ehrenhalber; nur in Titeln)
i. A. [i a]	= im Auftrag
i. V. [i fau]	= in Vertretung
k. o., K. o. [ka o]	= knock-out, Knock-out
o.k. / O.K.	= okay
stud. phil. [ßtut od. schtut fil]	= Student der Philosophie

Abkürzungen ohne Punkt

Maßeinheiten, Währungsbezeichnungen, Himmelsrichtungen u. a.

4 Der Punkt steht bei einigen Abkürzungen nicht, obwohl sie gewöhnlich im vollen Wortlaut gesprochen werden.

Das betrifft Abkürzungen von international festgelegten Maßeinheiten ...

cm	= Zentimeter
kg	= Kilogramm
l	= Liter
V	= Volt

... Abkürzungen der meisten Währungsbezeichnungen ...

DM (*nach DIN:* DEM)	= Deutsche Mark
öS (*nach DIN:* OES)	= österr. Schilling
sfr (*nach DIN:* CHF)	= Schweizer Franken (*schweizerisch nur:* sFr.)

... Abkürzungen der Himmelsrichtungen ...

O	= Osten
NW	= Nordwesten

... bestimmte Buchstabenzeichen der Fachsprachen (vgl. aber 13) ...

log	= Logarithmus (Mathematik)
pp	= pianissimo (Musik)
sin	= Sinus (Mathematik)

... sowie bestimmte fachsprachliche Abkürzungen für mehrgliedrige Zusammensetzungen.

BStMdI	= Bayerisches Staatsministerium des Innern
LArbA	= Landesarbeitsamt
JArbSchG	= Jugendarbeitsschutzgesetz
RücklVO	= Rücklagenverordnung

Buchstabenwörter

15 Der Punkt steht nicht nach Abkürzungen, die buchstabenweise gesprochen werden und deshalb auch Buchstabenwörter heißen. Ein Beispiel: *PVC* (Vollform: *Polyvinylchlorid*) wird *pe-vau-ze* ausgesprochen.

Auf gleiche Art entstandene, silbenweise gesprochene Kurzwörter wie NATO (= North Atlantic Treaty Organization) oder TÜV (= Technischer Überwachungsverein) werden natürlich ebenfalls ohne Punkt geschrieben.

Dazu gehören vor allem häufig gebrauchte Abkürzungen für Begriffe des öffentlichen Lebens und der Wirtschaft ...

EU	= Europäische Union
ICE	= Intercityexpress
Kfz	= Kraftfahrzeug
MEZ	= Mitteleuropäische Zeit
OB	= Oberbürgermeister/ Oberbürgermeisterin
O-Ton	= Originalton
PR	= Publicrelations
U-Bahn	= Untergrundbahn

... Namen von Organisationen, Vereinen, Firmen u. Ä. ...

ADAC	= Allgemeiner Deutscher Automobil-Club
AOK	= Allgemeine Ortskrankenkasse
FAZ	= Frankfurter Allgemeine Zeitung (für Deutschland)
SPD	= Sozialdemokratische Partei Deutschlands
RWE	= Rheinisch-Westfälisches Elektrizitätswerk
USA	= United States of America (Vereinigte Staaten von Amerika)
VDI	= Verein Deutscher Ingenieure

... besondere Ausdrücke der Fachsprachen ...

DNS	= Desoxyribonukleinsäure
EKG / Ekg	= Elektrokardiogramm
FCKW	= Fluorkohlenwasserstoffe
MS	= multiple Sklerose
StGB	= Strafgesetzbuch
ZPO	= Zivilprozessordnung

... die Zeichen für die chemischen Grundstoffe und Verbindungen ...

H_2O (*gelesen:* ha-zwei-o) = Wasser
Na (*gelesen:* en-a) = Natrium

... sowie die Buchstaben der Kraftfahrzeugkennzeichen.

A = Augsburg; Austria (= Österreich)
HH = Hansestadt Hamburg

In einigen Fällen gibt es auch eine Schreibweise mit Punkt:

MdB / M. d. B. = Mitglied des Bundestages

Die Beugung der Abkürzungen

16 Bei Abkürzungen, die im vollen Wortlaut gesprochen werden, wird die Beugungsendung im Schriftbild meist nicht wiedergegeben.

d. J. (= dieses Jahres)
lfd. M. (= laufenden Monats)
im Ndl. (= im Niederländischen)
des Jh., *auch:* des Jh.s (= des Jahrhunderts)

Wenn man die Beugungsendungen wiedergeben will, z. B. um Missverständnisse zu vermeiden, gilt Folgendes:

• Endet eine Abkürzung mit dem letzten Buchstaben des abgekürzten Wortes (z. B. *Bd. = Band*), so wird die Endung unmittelbar angehängt:

5 Bde. (= 5 Bände)
ein Brief für Hrn. Müller (= ein Brief für Herrn Müller)
die Nrn. 110–120 (= die Nummern 110–120)

• Sonst folgt die Endung nach dem Abkürzungspunkt:

des Jh.s (= des Jahrhunderts), B.s Reden (= Bismarcks Reden)

7 Buchstabenwörter bleiben in der Einzahl (Singular) meist ohne Beugungsendung. Im Plural (Mehrzahl) ist die Beugung häufiger.

Einzahl:

die Zulassung des Pkw (*auch:* des Pkws)
die Auswertung des EKG (*auch:* des EKGs)

Mehrzahl:

die GmbHs, *selten:* die GmbH (weil diese Form mit der Einzahl verwechselt werden könnte)
die Lkws, *neben:* die Lkw (keine Verwechslungsmöglichkeit, denn die Einzahl heißt *der Lkw*)

Abkürzungspunkt und Satzschlusszeichen

▶ Abkürzungspunkt am Ende einer wörtlichen Wiedergabe: 277

Bei Abkürzungen mit Punkt

18 Steht eine Abkürzung mit Punkt am Satzende, ist der Abkürzungspunkt zugleich der Schlusspunkt des Satzes.

In diesem Buche stehen Gedichte von Goethe, Schiller, Eichendorff u. a. Der Vater meines Freundes ist Regierungsrat a. D. Der Polizist verhaftete Holger P.

Ein Abkürzungspunkt in einer Klammer macht aber den Satzschlusspunkt nicht überflüssig (vgl. 245):

Näheres finden Sie im Abschnitt »Vorsatzlinsen« (S. 233 ff.).

Frau Braun schreibt ein Buch über Katzen als Haustiere (Auswahl, Pflege, Ernährung usw.).

Ausrufezeichen, Fragezeichen und Auslassungspunkte können nicht mit dem Abkürzungspunkt zusammenfallen.

Ist er Regierungsrat a. D.?
Er sagt, er sei Regierungsrat a. D. …

Bei Abkürzungen ohne Punkt

Steht am Ende eines Satzes eine Abkürzung, die sonst ohne Punkt geschrieben wird, dann muss trotzdem der Schlusspunkt des Satzes gesetzt werden. Das gilt natürlich auch für ein Fragezeichen oder Ausrufezeichen.

Diese Bestimmung steht im BGB. Das Kraftfahrzeugkennzeichen von Mannheim ist MA. Steht diese Bestimmung im BGB?

Der Punkt als Zeichen bei der Ziffernschreibung

Zahlen mit dezimaler und nichtdezimaler Teilung: 36 f.

Bei der Schreibung von Zahlen in Ziffern ist der Punkt kein Satzzeichen im eigentlichen Sinn, sondern er dient der Kennzeichnung oder Unterteilung.

Der Punkt kennzeichnet die Ordnungszahl

Der Punkt steht nach Zahlen, um sie als Ordnungszahlen (Ordinalzahlen; *erster, zweiter* usw.) zu kennzeichnen.

Dienstag, den 25. 7. 1967; an seinem 60. Geburtstag; der 2. Weltkrieg; Friedrich II., König von Preußen; 1. Mose 2,2 (*gelesen:* erstes Buch Mose zwei, zwei); 1. FC Nürnberg (*gelesen:* Erster FC Nürnberg)

Für das Zusammentreffen mit Satzschlusszeichen gelten die gleichen Richtlinien wie für den Abkürzungspunkt (s. 18).

Sie erhielt den Brief am 28. 2. 68 und antwortete am 6. 3. Auf seinem Schreibtisch steht ein Bild Papst Johannes Pauls II. Er kommt nächsten Montag (6. 3.). Kommt er am 6. 3. oder am 7. 3.?

Der Punkt in mehrstelligen Zahlen

Der Punkt wird auch – anstelle eines einfachen Zwischenraums – zur Gliederung von Zahlen verwendet, die sich aus mehr als drei Ziffern zusammensetzen.

Der Punkt

Dieser Punkt kann zu Verwechslungen mit dem Dezimalkomma führen: In mathematischen Texten und Formeln darf daher der Punkt nicht zur Gliederung von Zahlen verwendet werden.
Für die Gliederung von Nummern (Fernsprech-, Kontonummern u. dgl.) gelten besondere Vorschriften.

10.000 Mark (*oder:* 10 000 Mark)
3.560.783 Einwohner (*oder:* 3 560 783 Einwohner)
4.573 Stück (*oder:* 4 573 Stück *oder* 4573 Stück, *denn vierstellige Zahlen kann man auch ungegliedert schreiben*)

 Jahreszahlen, Seitenzahlen u. dgl. werden nie gegliedert:

3. Mai 1897; im Jahr 1963; 2500 v. Chr.; S. 1127

Auf einen Blick: Die Benummerung von Abschnitten und Absätzen

Bei vielen Schriftstücken ist eine klare Gliederung wichtig, damit de: Leser sich leichter zurechtfindet. Diese Gliederung kann man durch eine Nummerierung von Abschnitten und Absätzen verdeutlichen Es gibt verschiedene Verfahren für solche Nummerierungen; hie: wird zur Orientierung ein empfehlenswertes Verfahren nach DIN 1421 (Benummerung von Texten) vorgestellt.

Abschnittsbenummerung

22 Für die Benummerung der Abschnitte werden arabische Ziffern ver wendet. Die Hauptabschnitte eines Textes werden fortlaufend benummert (1. Stufe). Untergeordnete Abschnitte werden zusätzlich mit fortlaufenden Nummern zweiter Stufe versehen und können ihrerseits wieder in beliebig viele Unterabschnitte der dritten, vier ten usw. Stufe aufgefächert werden. Allerdings sollte man darauf ach ten, dass die Gliederung übersichtlich bleibt.
Solche Abschnittsnummern sollten Sie nur in Verbindung mit eine: Überschrift oder mit einem am Abschnittsbeginn stehenden, her vorgehobenen Stichwort verwenden.

Die einzelnen Teilnummern werden durch Punkte ohne Zwischenraum getrennt. Nach der jeweils letzten Zahl steht kein Punkt.
Vgl. auch das Beispiel in 11.

1	Stauden
2	Rosen
2.1	Rosenklassen
2.1.1	Strauchrosen
2.1.2	Beetrosen
2.1.3	Kletterrosen
2.1.3.1	Einmal blühende Kletterrosen
2.1.3.2	Öfter blühende Kletterrosen
2.1.4	Rankrosen
2.1.5	Hochstammrosen
(…)	
2.1.12	Zwergrosen
2.2	Rosen pflanzen
2.3	Rosen schneiden
2.4	Krankheiten und Schädlinge
(…)	
3	Azaleen

In dieser Form werden die Abschnittsnummern auch bei Verweisen im fortlaufenden Text angeführt:

Es gilt das unter 1.1.4.3 Gesagte. (*Gelesen:* Es gilt das unter eins eins vier drei Gesagte.)
S. Abschnitt 1.1.4.3.

Bei anderen Verfahren der Abschnittsgliederung als dem hier beschriebenen entfallen im fortlaufenden Text Punkte oder Klammern nach den Abschnittskennzeichen:

Wie schon im Kapitel I mitgeteilt, ist die unter 3, a genannte Ansicht überholt. (*Oder:* … die unter 3 a genannte …)

Absatzbenummerung und Kennzeichnung von Aufzählungen

3 Die einzelnen Absätze eines Textes können mit arabischen Ziffern in runden Klammern benummert werden. Meist beginnt man die Absatzbenummerung in jedem neuen benummerten Abschnitt wieder mit (1); man kann jedoch auch alle Absätze des gesamten Textes fortlaufend nummerieren. Im Gegensatz zu den Abschnittsnummern stehen Absatznummern nicht vor einer Überschrift oder einem hervorgehobenen Stichwort, sondern vor der ersten Zeile des Absatzes.

2.1.3.2 Öfterblühende Kletterrosen

(1) Unter den öfterblühenden Kletterrosen erfreuen sich vor allem die Noisette-rosen großer Beliebtheit …

(2) Öfterblühende Kletterrosen finden sich auch unter den kletternden Teerosen, die sich durch einen kräftigen Duft auszeichnen …

Will man eine Aufzählung im Text optisch gliedern, genügt es meist, jedem Punkt der Aufzählung einen frei stehenden Strich (»Spiegel-strich«) voranzustellen.

(2) Öfterblühende Kletterrosen finden sich auch unter den kletternden Teerosen, die sich durch einen kräftigen Duft auszeichnen … Daher empfehle ich die fol-genden Arten:

– »Lady Hillingdon« hat bronzegelbe Blüten …

– »Mrs. Herbert Stevens« ist eine reinweiß blühende Teerose …

Man kann jedoch die Punkte der Aufzählung auch mit Ordnungs-zahlen bezeichnen. Folgt in einer solchen Aufzählung noch eine Unteraufzählung, sind Kleinbuchstaben mit einer Klammer zu ver-wenden.

(2) Öfterblühende Kletterrosen finden sich auch unter den kletternden Teerosen, die sich durch einen kräftigen Duft auszeichnen … Daher empfehle ich die fol-genden Arten:

1. »Lady Hillingdon« hat bronzegelbe Blüten …

   a) Ihre Wuchshöhe beträgt etwa 4,5 m …
   b) Die Winterhärte dieser Sorte ist ausgezeichnet …
   c) Eingeführt wurde sie 1917 von Hicks …

2. »Mrs. Herbert Stevens« ist eine reinweiß blühende Teerose …

   a) Sie erreicht eine enorme Wuchshöhe von mindestens 6 m …

Die Auslassungspunkte

▶ Auslassungspunkte bei Auslassungen in Zitaten: 290 ff.

Die Auslassungspunkte als Auslassungszeichen

4 Mit drei Punkten (Auslassungspunkten) zeigt man an, dass in einem Wort, Satz oder Text Teile ausgelassen worden sind.

Vor und nach den Auslassungspunkten lässt man den normalen Wortzwischenraum, wenn sie für ein oder mehrere Wörter stehen. Bei Auslassung eines Wortteils (vgl. 25) schließt man sie unmittelbar an den Rest des Wortes an. Satzzeichen werden ohne Zwischenraum angeschlossen.

25 Man setzt drei Auslassungspunkte, wenn ein Wort unvollständig ist.

In diesem Fall schließt man die Auslassungspunkte unmittelbar an den Rest des Wortes an.

Mit »Para…« beginnt das gesuchte Wort. Der Ortsname endet mit »…heim« oder »…hausen«. Du bist ein E…!

26 Man setzt drei Auslassungspunkte, wenn eine Mitteilung abbricht, etwa weil der Leser einen Satz in Gedanken ergänzen kann oder weil er im Unklaren bleiben soll.

Die Auslassungspunkte erfüllen diesen Zweck besser als ein Gedankenstrich, den man deshalb auf besondere Fälle beschränken sollte (vgl. 229).

Und wenn sie nicht gestorben sind …
Sollte Klaus etwa …?
Scher dich zum …!
Er gab den Takt an: »Eins – zwei, eins – zwei …«
Überleg mal, was das alles für Folgen haben kann …

Sie glaubten in Sicherheit zu sein, doch plötzlich …

Soso, das soll ich also glauben …
Ich muss aufhören darüber nachzudenken, sonst werde ich wahnsinnig …
Wenn Fettpölsterchen zum Problem werden … (Werbung)

 Ein Abkürzungspunkt darf nicht in die Auslassungspunkte einbezogen werden:

Wenn das Gericht keine mildernden Umstände anerkennt, sieht es nicht gut aus für Holger P. …

27 In seltenen Fällen ist der Anfang einer Mitteilung ausgelassen. Auch dann setzt man die Auslassungspunkte.

»… Sache der Seele aber ist es, die innere Heiterkeit so lange und immer in dem Grade zu erhalten, als es möglich ist« (Wilhelm von Humboldt).
… denn sie wissen nicht, was sie tun (Filmtitel)
… mehr als Sie sich träumen lassen (Werbung)

 Der Schlusspunkt des vorangehenden Satzes darf nicht in die Auslassungspunkte einbezogen werden:

Die erste Zeit mit dem Baby war ganz schön anstrengend. … Vater sein dagegen sehr, kann ich nur sagen. (*Vollständig:* Vater werden ist nicht schwer, Vater sein dagegen sehr (Wilhelm Busch).)

Man setzt die Auslassungspunkte, wenn eine Mitteilung lückenhaft ist.

Die Stimme im Radio war kaum zu verstehen: »… bewaffneter Aufstand … das Militär hat … ist ungewiss …«

Die Auslassungspunkte als verbindendes Zeichen

28 Mit den Auslassungspunkten kann man zeigen, dass Satzstücke zusammengehören, die (z. B. aus grafischen Gründen) getrennt stehen Geschieht die Unterbrechung an einer Stelle, an der ein Komma stehen müsste, so entfällt dieses (vgl. 29).

> Wenn Sie Probleme
> mit dem Computer haben …
>
> … rufen Sie uns einfach an!

> Hochzeitskleider
>
> … und traumhafte Ideen für den schönsten Tag
> im Leben finden Sie in unserem neuen Katalog.

Die Auslassungspunkte als Pausenzeichen

Mit den Auslassungspunkten kann man längere Sprechpausen oder Pausen in einem Geschehen wiedergeben. Kommas sollte man dann nicht setzen.

Auch der Gedankenstrich ist hier möglich (vgl. 225).

Warte mal ... es fällt mir gleich ein.
Kein Anschluss unter dieser Nummer ... kein Anschluss unter dieser Nummer ... kein Anschluss unter dieser Nummer.
Er kam ins Zimmer ... sah sich suchend um ... wandte sich zum Gehen ... und blieb auf der Schwelle noch einmal nachdenklich stehen.

Die Auslassungspunkte in Verbindung mit anderen Satzzeichen

9 Bricht der Satz an einer Stelle ab, an der ein Komma stehen müsste, so entfällt dieses.

(Vollständig:) Wenn das meine Mutter wüsste, wäre sie traurig. *(Mit Auslassung:)* Wenn das meine Mutter wüsste ...
(Vollständig:) Vater werden ist nicht schwer, Vater sein dagegen sehr (Wilhelm Busch). *(Mit Auslassung:)* ... Vater sein dagegen sehr.

Stehen Auslassungpunkte am Satzende, entfällt der Schlusspunkt.

Sie glaubten in Sicherheit zu sein, doch plötzlich ...
Ich würde es dir sagen, wenn ...
Sie sagte seufzend: »Wenn das meine Mutter wüsste ...« Dieter nickte zustimmend.
Das gesuchte Wort beginnt mit »Para...« Also lass uns unter »P« nachschlagen.

Auslassungspunkte in einer Klammer machen jedoch den Satzschlusspunkt nicht überflüssig (vgl. 245):

Frau Braun schreibt ein Buch über Katzen als Haustiere (Auswahl, Pflege, Ernährung ...).

Ausrufezeichen, Fragezeichen und der Abkürzungspunkt können nicht mit den Auslassungspunkten zusammenfallen.

Sollte Klaus etwa ...? Na warte ...!
Er sagt, er sei Regierungsrat a. D. ...

Das Komma

30 Das Komma hat im Deutschen in erster Linie die Aufgabe, den Satz optisch zu gliedern, damit er leichter gelesen werden kann. Es ver deutlicht die Konstruktion des Satzes, indem es beispielsweise einer Zusatz oder einen Nebensatz vom Hauptsatz abhebt.

Das bedeutet umgekehrt, dass die Kommasetzung beim Schreiben den ein Verständnis für die verschiedene Bauweise von Sätzen vo raussetzt, mit anderen Worten: Grammatikkenntnisse. Das mach die Kommasetzung zu einem besonders fehlerträchtigen Kapitel de Rechtschreibung. Zum Glück kann man sich oft auch ohne eine Ana lyse des Satzbaus behelfen, zum Beispiel durch Faustregeln ode indem man auf die Sprechpausen in einem Satz achtet. Wo solche Hilfen sinnvoll sind, wird darauf hingewiesen.

In jedem Fall sollten Sie versuchen, Kommas nicht erst nachträglich zu setzen. Mit einiger Übung gelingt es Ihnen, schon beim Schreiber den Aufbau des Satzes zu verfolgen und ihh an den richtigen Steller mit Kommas zu gliedern.

Sätze ohne Komma

Kommafehler entstehen nicht nur durch fehlende, sondern auch durch überflüssige Kommas, die den Satzzusammenhang zerreißer und den Leser verwirren. In diesem Abschnitt finden Sie Hinweis auf einige häufige Fehlerquellen.

31 Sätze, in denen die gewöhnlichen Satzglieder nur einmal und ohne nachgestellte Zusätze auftreten, erhalten kein Komma.

Bei einem einfach gebauten Satz macht das noch keine Probleme:

Frau Schulze-Hoffmann überprüft die Bilanz.

Es gilt jedoch auch, wenn Umstandsangaben verschiedener Art dazu-
kommen:

Am Montagmorgen *(wann?)* überprüft Frau Schulze-Hoffmann im Büro *(wo?)*
mit dem neuen Computerprogramm *(womit?)* die Bilanz.

Auch wenn einzelne Satzglieder durch Beifügungen größeren
Umfang erhalten, darf ein solcher Satz nicht durch Kommas unterteilt werden:

Am Montagmorgen gegen 10 Uhr überprüft Frau Schulze-Hoffmann im Büro mit
dem neuen Computerprogramm die von ihrer Kollegin vergangene Woche
erstellte Bilanz.

Die unterstrichenen Kommas in den folgenden Sätzen sind daher
falsch:

Auch im Winter macht er bei geöffnetem Fenster *(wie?)*, jeden Morgen *(wann?)*
seine Gymnastik.
Das Auto des Angeklagten befand sich im Augenblick des Zusammenstoßes
(wann?), auf der Gegenfahrbahn *(wo?)*.

Überflüssige Kommas erscheinen auch sehr häufig in Sätzen, die mit
einer längeren Umstandsangabe beginnen. Die unterstrichenen
Kommas in den folgenden Beispielen sind f a l s c h :

Beim Transport einer zwei Meter langen Drahtglasscheibe innerhalb eines
Gebäudes in der Hauptstraße, ließ ein 39 Jahre alter Glaser die Scheibe fallen.
Im Gegensatz zu seinem sonstigen Verhalten im Unterricht, behandelte er
diesen Schüler mit offensichtlicher Vorliebe.

32 Artikel, Pronomen (Fürwörter) und Zahlwörter stehen als Beifügungen nicht auf gleicher Stufe mit einem folgenden Adjektiv oder
Partizip und können daher mit ihm keine Aufzählung bilden. Nach
Wörtern dieser Wortarten wird also kein Komma gesetzt (s. 50, vgl.
aber auch 53).

der dich prüfende Lehrer; eine wenn auch noch so geringe Kursabweichung; zwei
mit allen Wassern gewaschene Betrüger; diese den Betrieb stark belastenden
Ausgaben

Es ist falsch, eine Beifügung, die vor ihrem Bezugswort steht, in Kommas einzuschließen.

(Falsch:) diese, den Betrieb stark belastenden, Ausgaben

Gedankenstriche (vgl. 234) oder Klammern (vgl. 240) dagegen können an dieser Stelle stehen:

Das hängt von den – je nach Alter und Familienstand sehr verschiedenen – Einkommensverhältnissen ab. In der Handtasche fand man Autopapiere und einen (gefälschten) Pass.

33 Kein Komma steht vor den vergleichenden Konjunktionen *als*, *wie*, *denn*, wenn sie nur Satzteile verbinden: Ein solcher Vergleich ist kein Nebensatz und darf nicht abgetrennt werden.

Vgl. auch die Abschnitte 141, 154 und 185 in der Tabelle.

Karl ist größer als Wilhelm. Es ging schneller als erwartet. Es wurden mehr Waren eingekauft als verkauft. Er bekam mehr Geld als üblich. Heute war er früher da als gestern. Früher als gewöhnlich kam er nach Hause. Im Fernsehen sind oft bessere Inszenierungen möglich als im Theater. Ich will lieber mit Menschen arbeiten als allein in einem Büro sitzen. Er hatte mehr Löcher in den Kleidern als Geldstücke im Beutel. Gerda ist [heute] so groß wie Petra [damals]. Wie im letzten Jahr hatten wir auch diesmal einen schönen Herbst. Er kam wie am Vortag auch heute zu spät. Sie war als Forscherin bedeutender denn als Dichterin.

Auch formelhafte Auslassungssätze mit *wie* werden gewöhnlich ohne Kommas geschrieben (vgl. 130):

Wir möchten uns dazu *wie folgt* äußern. Die Sitzung findet *wie angekündigt* morgen statt. *Wie bereits gesagt* verhält sich die Sache anders. Er kam *wie zu erwarten* zu spät.

Das Komma muss erst bei Vergleichen in Satzform stehen, also wenn mit *als*, *wie* oder *denn* ein Nebensatz (Vergleichssatz) beginnt.

Karl ist größer, als Wilhelm im gleichen Alter war. Gerda ist heute so groß, wie Petra damals war. Komm so schnell, wie du kannst. Er ist klüger, als du denkst. Das ist ein anderer Koffer, als ich ihn damals hatte. Wir haben mehr Stühle, als wir brauchen. Er hat mehr Schulden, als er je abzahlen kann.

Ein Vergleich in Satzform liegt auch vor, wenn der Vergleichssatz nur durch sein Prädikat mit nachgestellter Personalform erkennbar ist:

Wir haben mehr Stühle, als nötig sind. Wir haben mehr Waren eingekauft, als verkauft wurden. Wie zu erwarten war, kam er zu spät.

Bei Infinitivgruppen (Grundformgruppen) mit *als zu* und *wie zu* ist das Komma in der Regel freigestellt (vgl. genauer 95 ff.):

Ich konnte nichts Besseres tun[,] als ins Bett zu gehen. Auf Alkohol zu verzichten[,] fiel ihm ebenso schwer[,] wie das Rauchen aufzugeben. *(Ist die Infinitivgruppe in den Satz eingeschoben, setzt man keine Kommas oder aber zwei Kommas:)* Etwas Schlimmeres[,] als seine Kinder zu enttäuschen[,] hätte ihm nicht passieren können.

Das Komma bei frei stehenden Zeilen

34 Das Komma steht in der Regel nicht nach Sätzen, Satzstücken und einzelnen Wörtern, die im Druck- oder Schriftbild in besonderen Zeilen deutlich herausgehoben werden und inhaltlich selbstständig sind (vgl. 3).

Es steht daher kein Komma nach den Zeilen einer Adressenangabe ...

Schmidt & Müller GmbH
Personalabteilung
z. H. Frau Anne Hiltmann
Postfach 90 10 98

60450 Frankfurt a. M.

... und zwischen Grußformel und Unterschrift am Ende eines Briefes.

Leider werden wir uns erst nächste Woche sehen können, weil ich verreisen muss.

Mit herzlichem Gruß

dein Karl

35 Eine Ausnahme ist die Anrede im Brief, nach der man ein Komma (seltener ein Ausrufezeichen, vgl. 219) setzt. Da nach dem Komma der Satz weitergeht, muss das erste Wort des eigentlichen Briefes kleingeschrieben werden (wenn es kein Substantiv oder ein Anredepronomen wie *Sie* ist):

Sehr geehrter Herr Schmidt,

gestern erhielt ich Ihr Schreiben ...

In der Schweiz wird dieses Komma nicht gesetzt und dafür das erste Wort des Briefes großgeschrieben:

Sehr geehrter Herr Schmidt

Gestern erhielt ich Ihr Schreiben …

Das Komma entfällt nach den Zeilen einer Liste, Tabelle u. dgl.

Unser Sonderangebot:	Unser Geschäft führt in großer Auswahl:
– Äpfel	Papier- und Schreibwaren
– Birnen	Büroartikel
– Orangen	Mal- und Zeichengerät
	Künstlerpostkarten
	Wand- und Taschenkalender

Man kann in Ausnahmefällen eine listenartige Aufzählung wie einen zusammenhängenden Satz behandeln. Dann steht nach jedem Aufzählungsglied ein Komma und nach dem letzten Wort ein Punkt. Diese Schreibweise ist aber nur zu empfehlen, wenn ein längerer Satz zur besseren Übersicht optisch aufgegliedert werden soll:

Ein Zuschuss zu den Kosten kann gewährt werden,
 wenn der Lehrgangsteilnehmer einen Verdienstausfall nachweist,
 wenn der Lehrgangsteilnehmer seine Mahlzeiten nicht zu Hause einnehmen
 kann,
 bei Teilnehmern, die noch in der Berufsausbildung stehen.

Auf einen Blick:
Zahlen mit dezimaler und nichtdezimaler Teilung

Zahlen mit dezimaler Teilung

36 In Dezimalzahlen werden die ganzen Zahlen von den Zehnteln durch das Komma getrennt.

Nach dem Komma folgt folgt die nächste Ziffer ohne Leerschritt.

52,36 m; 3,447 t; 8,65432

Es ist deshalb falsch, bei der Angabe von Beträgen in Deutscher Mark oder in österreichischen Schillingen die Pfennig- bzw. Groschenbeträge durch einen Punkt abzutrennen. Hier darf nur das Komma stehen:

19,80 DM; S 56,50

Angaben in Schweizer Währung bilden eine Ausnahme, denn sie werden mit Punkt geschrieben:

Fr. 4.20 = 4 Franken, 20 Rappen

Bei der Angabe einer **Zeitdauer** trennt das Komma Sekunden und Zehntelsekunden:

Bei dieser Variante des Experiments wurden 10,2 Sekunden gemessen.
Die Zeit des Siegers im Marathonlauf beträgt 2:35:30,2 Stunden (= 2 Stunden, 35 Minuten, 30,2 Sekunden).

Auch Stunden können ausnahmsweise dezimal unterteilt werden:

Die ausgeschriebene Stelle umfasst 38,5 Wochenarbeitsstunden.

Zahlen mit nichtdezimaler Teilung

37 Bei nichtdezimalen Teilungen muss zwischen die ganzen Zahlen und die kleineren Einheiten der Punkt gesetzt werden. Teilweise ist auch der Doppelpunkt möglich.

Nach dem Punkt oder Doppelpunkt folgt die nächste Ziffer ohne Leerschritt.

Bei der **Uhrzeit** trennt der Punkt Stunden und Minuten sowie gegebenenfalls Minuten und Sekunden. Das Komma darf hier nicht stehen.

Der Zug kommt um 18.25 Uhr an. Die Rakete startete um 23.14.37 Uhr.

Nach DIN 5008 soll die Uhrzeit künftig mit Doppelpunkt gegliedert werden; jede Zeiteinheit ist dann zweistellig anzugeben:

07:00 Uhr; 23:14:37 Uhr

Bei der Angabe einer **Zeitdauer**, zum Beispiel bei genauen Zeitangaben im Sport, steht zwischen Stunden, Minuten und Sekunden üblicherweise der Doppelpunkt, seltener der Punkt. (Sekunden und Zehntelsekunden werden aber immer durch Komma getrennt, vgl. 36):

Die Zeit des Siegers im Marathonlauf beträgt 2:35:30,2 Stunden (= 2 Stunden, 35 Minuten, 30,2 Sekunden).

(Seltener:) Die Zeit des Siegers im Marathonlauf beträgt 2.35.30,2 Stunden.
Mit 8:41,7 Minuten (= 8 Minuten, 41,7 Sekunden) wurde ein neuer Rekord aufgestellt.
(Seltener:) Mit 8.41,7 Minuten wurde ein neuer Rekord aufgestellt.

 Es ist falsch, bei der Angabe einer Zeitdauer Punkt und Doppelpunkt nebeneinander zu verwenden:

(Falsch:) 2:35.30,2 Stunden; 2.35:30,2 Stunden

Maße mit nichtdezimaler Teilung erfordern den Punkt:

100.2.10 Yds. (=100 Yards, 2 Fuß, 10 Zoll)

Das Komma zwischen Satzteilen

38 In Aufzählungen trennt das Komma aneinander gereihte gleichartige Satzteile und macht so den Satz übersichtlicher. Der erste der folgenden Abschnitte erklärt, wann eine solche Aufzählung vorliegt und wo Kommas stehen müssen.

Eine andere Aufgabe erfüllt das Komma bei Wörtern oder Wortgruppen, die aus der Konstruktion eines Satzes herausfallen: Sie werden durch Komma abgetrennt oder in Kommas eingeschlossen, damit sie sich klar vom Rest des Satzes abheben. Betroffen sind zum einen Anreden, Ausrufe u. dgl., die im zweiten Abschnitt behandelt werden, zum anderen Zusätze aller Art, die der dritte Abschnitt ausführlich vorstellt.

Das Komma bei der Aufzählung von Satzteilen

▶ Mehrteilige Orts-, Wohnungs-, Zeit- und Literaturangaben: 86 ff.

▶ Aufzählungen in frei stehenden Zeilen: 34 f.

▶ Aufzählung von Sätzen: 120 ff.

39 Das Komma steht zwischen gleichrangigen Wörtern oder Wortgruppen in Aufzählungen. Nach dem letzten Glied der Aufzählung steht kein Komma.

Für diesen Obstsalat brauchen Sie: Bananen, Mandarinen, Apfelsinen. Er sägte, hobelte, hämmerte die ganze Nacht. Er kam tagaus, tagein zu Besuch. Mein liebes, liebes Kind.

(Zur Frage, wann Beifügungen gleichrangig sind, vgl. 49.)

40 Aufgezählte Wörter oder Wortgruppen werden aber nicht durch Komma getrennt, wenn sie durch bestimmte Konjunktionen verbunden sind, die eine besonders enge Zusammengehörigkeit zum Ausdruck bringen. Dazu gehören:

– die anreihenden Konjunktionen *und, sowie, wie, sowohl – als auch/wie auch, weder – noch*

Heute und morgen habe ich Besuch. Der Becher war innen wie außen vergoldet. Er spielt sowohl Geige als auch Klavier. Ich weiß weder seinen Nachnamen noch seinen Vornamen noch seine Adresse.

– die ausschließenden Konjunktionen *oder, beziehungsweise (bzw.), respektive (resp.), entweder – oder.*

Heute oder morgen will er zu dir kommen. Wir sollten den Betrag einzahlen bzw. / resp. überweisen. Sie wird entweder anrufen oder selbst vorbeikommen.

Er putzt die Wohnung, erledigt die Einkäufe, kocht und mäht sogar den Rasen.

Das Komma

Beispiele für die Kombination von Regel 39 und 40:

Stefan, Anja und Nicole gehen in die Schule. Der Dichter, Maler und Musiker E. T. A. Hoffmann (1776-1822) lebte zuletzt in Berlin. Bring doch bitte ein paar Bananen, Mandarinen oder Apfelsinen mit! Er fühlte sich alt, müde und verbraucht. Wir liefern nur wasserdicht, bruchsicher und hygienisch verpackte Ware. Die Ware ist wasserdicht, bruchsicher und hygienisch verpackt. Meine Hobbies sind Segeln und Reiten, Lesen und Musikhören sowie Schachspielen.

Die folgenden Abschnitte zeigen verschiedene Spielarten der Aufzählung. Dabei gelten stets 39 und 40.

Eine Aufzählung liegt vor, wenn ein Wort oder eine Wortgruppe zur Verstärkung wiederholt wird:

Mein liebes, liebes Kind. Wir hatten einen sehr, sehr kalten Winter. Ich wünsche dir alles, alles Gute. Ringsum sah er nur Sand, Sand, Sand. Es, es, es und es, es ist ein harter Schluss, weil, weil, weil und weil, weil ich aus Frankfurt muss (Volkslied).

41 Eine Aufzählung liegt vor, wenn man neu ansetzt, um die gleiche Sache nochmals anders zu bezeichnen:

Dieser Schwindler, dieser Heuchler, dieser Verräter kommt mir nicht mehr ins Haus (= eine Person). Er ist schon immer dumm, strohdumm gewesen. Es gab Spinat, ausgerechnet Spinat. Das Zimmer ist günstig, sogar sehr günstig. Das Zimmer ist günstig, ja spottbillig / um nicht zu sagen spottbillig. Jetzt hatte er Angst, große Angst. In dieser Sache kann, nein muss man etwas unternehmen. Die Straße, besser gesagt die Autobahn führt ins Zentrum. Das ist eine winterharte, also / d. h. nicht frostempfindliche Pflanze (vgl. 67). Darum will ich, wollen wir alle dich unterstützen.

42 Hierher gehören auch Sätze, in denen ein Wort oder eine Wortgruppe (z. B. *die Gärtnerin*) durch ein hinweisendes Wort oder eine Wortgruppe (z. B. *die*) aufgenommen wird (vgl. auch 96). Nach dem aufgenommenen Textteil wird ein Komma gesetzt:

Denn die Gärtnerin, *die* weiß das ganz genau. Tanzen, *das* ist ihre größte Freude. Der Tag, *er* ist nicht mehr fern. Deinen Vater, *den* habe ich gut gekannt. Ihr Bruder, mit *dem* habe ich die Schule besucht. Und du und ich, *wir* beide wissen das genau. An der Kreuzung, *da* müsst ihr rechts abbiegen. Wie im letzten Jahr, *so* hatten wir auch diesmal einen schönen Herbst. Mit Halbschuhen und in leichten Anoraks, *so* wollten die ahnungslosen Touristen über den Gletscher wandern. Nachtwanderungen und Schatzsuche, *so etwas* macht Kindern Spaß.

43 Die Aufzählung kann auch aus Wortgruppen bestehen:

Diese Menschen haben kein Geld, keine Arbeit, keine Wohnung, keine Hoffnung. Touristen aller Sprachen und Länder, zerlumpte Kinder, verschleierte Frauen, Händler mit Körben und Kisten drängten sich in den engen Gassen des Basars. Er versuchte sein Glück als Handelsvertreter, als Verkaufsfahrer eines Getränkevertriebs, mit einem Zigarrenladen und schließlich mit einer Leihbücherei. Sie müssen ein Loch ausheben, die Wurzeln ausbreiten, die Pflanze einsetzen und das Loch wieder mit Erde auffüllen.

44 Die Aufzählung kann auch aus Infinitivgruppen (vgl. 95 ff.) oder Partizipgruppen (vgl. 113 ff.) bestehen:

Einen Tauchkurs zu besuchen, abends gut essen zu gehen und mich mal richtig zu erholen, das sind meine Wünsche für den Urlaub. Völlig erschöpft und vom Regen durchnässt kamen sie nach Hause.

45 Die Aufzählung kann auch aus so genannten zusammengezogenen Sätzen bestehen. Das sind gleichrangige Sätze, die ein Satzglied (oder mehrere) gemeinsam haben, das aber nur einmal genannt wird.

Ich gehe ins Theater, sehe mir eine Ausstellung an oder besuche ein Konzert. Klaus *studiert* Mathematik, Ulla Biologie und Susanne Jura. Frau Schneider schreibt mir, dass Klaus Mathematik *studiert*, Ulla Biologie und Susanne Jura. *Jeden Morgen* läuten die Glocken und kräht der Hahn. In Deutschland *ist er* fast unbekannt, in Amerika ein Star. *Niemand erwartet* von Schülern, dass sie immer lernen, von Lehrern, dass sie alles tolerieren.

In der verkürzten Sprache von Anleitungen und Rezepten hängen oft mehrere Wortgruppen von einem Satzkern ab, der gar nicht genannt wird:

Jetzt *[müssen Sie]* die Butter zugeben, alles vermischen und den Teig kräftig durchkneten. Nach 30 Minuten *[ist der Lack]* staubtrocken, nach 3 Stunden überstreichbar.

46 In seltenen Fällen verbindet *und* oder *oder* einen Satzteil mit einem Nebensatz oder einer Infinitivgruppe zu einer Aufzählung. Auch dann wird gemäß 40 vor *und* bzw. *oder* kein Komma gesetzt.

Innerhalb der Aufzählung steht also kein Komma:

Wenn es kalt ist oder bei Regen ziehe ich den Mantel an. Ich ziehe den Mantel bei Regen an oder wenn es kalt ist. Die Mutter kaufte der Tochter einen Koffer, einen Mantel, ein Kleid und was sie sonst noch für die Reise brauchte. Um seinem Freund zu schaden oder aus Gedankenlosigkeit machte er eine falsche Aussage.

Vor oder nach der Aufzählung kann jedoch ein Komma nötig sein:

• Grenzt der Nebensatz an den Begleitsatz, so wird zwischen beide ein Komma gesetzt:

Ich ziehe den Mantel an, wenn es kalt ist oder bei Regen. Bei Regen oder wenn es kalt ist, ziehe ich den Mantel an. Er hat nur einige zuverlässige Freunde oder wen er dafür hält, ins Vertrauen gezogen. Die Mutter hatte der Tochter einen Koffer, einen Mantel, ein Kleid und was sie sonst noch für die Reise brauchte, gekauft.

• Grenzt die Infinitivgruppe an den Begleitsatz, so kann zwischen beide ein Komma gesetzt werden:

Wir schlichen auf Zehenspitzen und ohne ein Wort zu sprechen[,] durch den dunklen Saal. Aus Gedankenlosigkeit oder um seinem Freund zu schaden[,] machte er eine falsche Aussage. Er machte die falsche Aussage[,] um seinem Freund zu schaden oder aus Gedankenlosigkeit. Er machte[,] um seinem Freund zu schaden oder aus Gedankenlosigkeit eine falsche Aussage. Er machte aus Gedankenlosigkeit oder um seinem Freund zu schaden[,] eine falsche Aussage.

47   Satzteile werden durch Komma getrennt, wenn sie durch andere Konjunktionen[3] als die in 40 genannten verbunden sind, denn auch dann liegt eine Aufzählung vor.

Das betrifft beispielsweise:

• anreihende Konjunktionen wie *einerseits – and[e]rerseits*, *teils – teils*, *halb – halb*, *mal – mal*, *je – desto*, *ob – ob*, *nicht nur – sondern auch*, *zum einen – zum anderen*

Er ist nicht nur ein guter Schüler, sondern auch ein guter Sportler. Die Investition ist einerseits mit hohen Gewinnchancen, andererseits mit hohem Risiko verbunden. Wir waren halb erschrocken, halb erleichtert. Die Kinder spielen teils auf der Straße, teils im Garten, teils auch auf dem Rasen im Park.

• entgegensetzende und einschränkende Konjunktionen wie *aber*, *zwar – aber*, *allein*, *allerdings*, *doch*, *jedoch*, *vielmehr*, *sondern*, *wenn auch*. (Vgl. auch 63.)

Das Zimmer ist billig, aber / wenn auch klein. Müde, aber glücklich kamen wir heim. Seine Leistungen haben sich langsam, aber stetig gebessert. Sie kam bald

---

[3] Als Konjunktionen werden hier der Einfachheit halber auch die einem Satz oder Satzteil vorangestellten Adverbien (z. B. *teils – teils*) bezeichnet.

zurück, jedoch / allerdings ohne das Buch. Sie hat mit dem Abteilungsleiter, jedoch nicht mit dem zuständigen Referenten gesprochen. Er ist kein Engländer, sondern Amerikaner.

Fälle, in denen keine Aufzählung vorliegt

Umstandsangaben, die sich sinngemäß ergänzen

48 Keine Aufzählung liegt vor, wenn sich Umstandsangaben sinngemäß ergänzen. Hier steht also kein Komma (vgl. 31).

Deine Brille liegt hier auf dem Tisch. Deine Brille liegt im Wohnzimmer auf dem Tisch. (*Aber:* Er suchte seine Brille auf dem Tisch, auf dem Fernseher und auf dem Fensterbrett.) Später kehrte er nach Frankfurt zu seinen Eltern zurück. Er macht jeden Morgen zur Musik aus dem Radio seine Gymnastik. Gabi Müller hat lange in Köln am Kirchplatz 4 im dritten Stock gewohnt (vgl. 86). Er rief mich am Mittwoch kurz vor 18 Uhr an (vgl. 89).

Nicht gleichrangige Beifügungen

49 Zwischen nicht gleichrangigen Beifügungen (Attributen) steht kein Komma.

Beifügungen sind gleichrangig, wenn jedes Aufzählungsglied im gleichen Verhältnis zum gemeinsamen Bezugswort steht. Mehrere gleichrangige Beifügungen bilden eine Aufzählung.

Wir gingen bei gutem, warmem Wetter spazieren. (*gut* und *warm* beziehen sich auf *Wetter*. Vgl.: Wir gingen bei gutem und warmem Wetter spazieren. Das Wetter war gut und warm.) Sehr verehrter, lieber Herr Professor! Er fuhr einen großen, alten, schwarzen Cadillac. Sie tanzte mit fließenden, weichen Bewegungen. Ein Buch mit guten, großteils farbigen Abbildungen. In dieser Gegend gibt es kleine, in den Baumkronen lebende Affen.

Beifügungen sind nicht gleichrangig, wenn sie verschiedene Bezugswörter haben. Sie bilden keine Aufzählung und man setzt daher kein Komma zwischen sie.

Das war ein schrecklich kalter Winter (*schrecklich* bezieht sich auf *kalt, kalt* bezieht sich auf *Winter.*). Wir liefern nur wasserdicht, bruchsicher und hygienisch verpackte Ware (*wasserdicht, bruchsicher* und *hygienisch* sind untereinander gleichrangig, stehen aber nicht auf einer Stufe mit ihrem Bezugswort *verpackt*. Daher steht vor *verpackt* kein Komma.).

50 Da zwischen nicht gleichrangigen Beifügungen kein Komma steht steht kein Komma zwischen einem Artikel, Fürwort (Pronomen) oder Zahlwort und einer anderen Beifügung (vgl. aber 53; zur Möglichkeit, Gedankenstriche oder Klammern zu setzen, vgl. 234 und 240).

Artikel, Fürwörter (Pronomen) und Zahlwörter stehen als Beifügungen nicht auf gleicher Stufe mit einem folgenden Adjektiv oder Partizip und können mit ihm keine Aufzählung bilden.

Dort stand unser altes Haus. Lass doch diese dummen Späße! Wir haben mehrere neue Kollegen bekommen. Ich habe zwei jüngere Schwestern. In dieser Gegend gibt es viele in den Baumkronen lebende Affen.

Die Forscher wollen die in den Baumkronen lebende Affenart untersuchen.

Weitere Beispiele:

der dich prüfende Lehrer; eine wenn auch noch so geringe Kursabweichung; zwei mit allen Wassern gewaschene Betrüger; diese den Betrieb stark belastenden Ausgaben; mehrere nur mit der Lupe sichtbare Oberflächenfehler; alle in das Kontobuch einzutragenden Angaben; die von Ihnen gegebenen Erklärungen; eine mit knusprigen Speckstreifen umwickelte Lammkeule

Es steht auch dann kein Komma, wenn die zweite Beifügung ebenfalls ein Pronomen oder Zahlwort ist:

Sie spannte zwei andere Bogen in die Maschine. Diese beiden Filme mag ich besonders gern.

51 Ein Gesamtbegriff ist eine feste Verbindung von einem Substantiv und einer vorangestellten Beifügung (z. B. *französische Rotweine, saure Gurken*).
Ist ein solcher Gesamtbegriff durch eine weitere Beifügung näher bestimmt, so sind die beiden Beifügungen nicht gleichrangig: Es wird daher kein Komma gesetzt.

Wir führen nur gute französische Rotweine (*gut* bezieht sich auf den Gesamtbegriff *französische Rotweine*. Vgl.: Unsere französischen Rotweine sind gut.). Unsere Kunden schätzen besonders die leichten, herben französischen Rotweine (*leicht* und *herb* sind gleichrangig, stehen aber nicht auf einer Stufe mit *französisch*).

Ein höflicher junger Mann hat mir geholfen. Sehr geehrte gnädige Frau! Der linke vordere Kotflügel ist verbeult. Sie machte aufsehenerregende medizinische Experimente. Die in Angriff genommenen großen Arbeiten erfordern neue Mittel. Die gute alte Zeit kommt nicht wieder. Die Konferenz findet nach den diesjährigen großen Ferien statt. Hast du noch von deinen leckeren sauren Gurken? Ich suche einen billigen löslichen Kaffee. Sie trug einen modisch verarbeiteten echten Ledermantel.

Es sind vor allem vier Gruppen von Adjektiven, die in solchen Gesamtbegriffen auftreten:

• Adjektive, die Farben bezeichnen (*rot*, *grün*, *weiß* u. a.)

herrliches weißes Mehl, langstielige rote Rosen, der gute schwarze Anzug

• Adjektive, die Materialien bezeichnen (*golden*, *ledern*, *steinern* u. a.)

die glitzernden goldenen Ohrringe, ein handgenähter lederner Ball, die schöne steinerne Brücke

• Adjektive, die eine Zugehörigkeit bezeichnen (*amtlich*, *städtisch*, *königlich* u. a.)

eine wichtige amtliche Mitteilung, der symmetrisch angelegte königliche Schlosspark; die allgemeine wirtschaftliche Lage; ein aktiver gemeinnütziger Verein

• Adjektive, die die Herkunft aus einem Land oder einer Stadt bezeichnen (*spanisch, amerikanisch, bayerisch* u. a.)

ein berühmter spanischer Roman, neue amerikanische Drogen, das dunkle bayerische Bier, ein schneller italienischer Sportwagen

52 Ob ein Gesamtbegriff vorliegt oder nicht, hängt in vielen Fällen vom Sinn des Satzes ab. Manche Sätze lassen beide Auffassungen zu.

Oft sind es sachliche Gründe, die die Kommasetzung bestimmen:

Die Firma hat neue, umweltfreundliche Verfahren entwickelt. (Aufzählung: Neben den bisherigen Verfahren, die nicht umweltfreundlich sind, gibt es jetzt neue und umweltfreundliche Verfahren.)
Die Firma hat neue umweltfreundliche Verfahren entwickelt. (Gesamtbegriff: Zusätzlich zu den bisherigen umweltfreundlichen Verfahren gibt es weitere umweltfreundliche Verfahren.)
Die Pflanze wächst nur auf den höher liegenden, unbewaldeten Berghängen. (Aufzählung: Die tiefer liegenden Berghänge sind bewaldet.)
Die Pflanze wächst nur auf den höher liegenden unbewaldeten Berghängen. (Gesamtbegriff: Es gibt auch tiefer liegende unbewaldete Berghänge.)

 Manchmal können Sie aber auch frei entscheiden, ob Sie zwei Beifügungen als gleichwertig kennzeichnen möchten oder nicht:

Im Herrenzimmer standen wuchtige, eichene Möbel. (Aufzählung zweier gleichwertiger Eigenschaften: Die Möbel sind wuchtig und bestehen aus Eichenholz.)
Im Herrenzimmer standen wuchtige eichene Möbel. (Gesamtbegriff: Die Eichenmöbel sind wuchtig.)

53 Auch Indefinitpronomen (unbestimmte Fürwörter) und unbestimmte Zahlwörter, nach denen in der Regel kein Komma steht (vgl. 50), können in Sonderfällen ein Komma erhalten: beispielsweise *andere, solche, viele, wenige.* Sie werden dann wie Adjektive behandelt und stehen auf der gleichen Stufe wie die nachfolgende adjektivische Beifügung. Sogar Ordnungszahlwörter werden gelegentlich in dieser Weise verwendet, im Allgemeinen aber nicht die zusammenfassenden Grundzahlwörter.

Aufzählung mit Komma	**Gesamtbegriff ohne Komma**
Ich habe noch andere, zuverlässige Nachrichten. *(Die zuerst mitgeteilten Nachrichten waren nicht zuverlässig.)*	Ich habe noch andere zuverlässige Nachrichten. *(Auch die zuerst mitgeteilten Nachrichten waren zuverlässig.)*
Mit solchen, kaum beweisbaren Anschuldigungen erreichst du nichts. *(Hier hat »solche« den adjektivischen Sinn von »derartige«.)*	Mit solchen kaum beweisbaren Anschuldigungen erreichst du nichts. *(Hier hat »solche« nur den Wert eines hinweisenden Pronomens.)*
Der Minister sprach nur wenige, kurze Sätze zur Eröffnung. *(Er sprach nur wenige Sätze, die außerdem kurz waren.)*	Der Minister sprach nur wenige kurze Sätze zur Eröffnung. *(Er sprach nur ein paar kurze Sätze.)*
5., verbesserter Nachdruck *(Der 5. Nachdruck ist verbessert worden.)*	5. verbesserter Nachdruck *(Alle Nachdrucke wurden verbessert.)*
Das Buch enthält gute, größtenteils farbige Abbildungen. *(Nur mit Komma!)*	Das Buch enthält 80 größtenteils farbige Abbildungen. *(Grundzahl: meist ohne Komma.)*

4 Mit den folgenden drei Faustregeln können Sie sich die Kommasetzung bei mehreren adjektivischen Beifügungen erleichtern:

1. Wenn man zwischen die Beifügungen ein *und* setzen könnte, dann handelt es sich um Beifügungen gleichen Grades, die durch ein Komma getrennt werden.

bei gutem und warmem Wetter – bei gutem, warmem Wetter
ein großer und alter und schwarzer Cadillac – ein großer, alter, schwarzer Cadillac

Beifügungen verschiedenen Grades können dagegen nicht durch *und* verbunden werden:

Man würde nicht sagen »aufsehenerregende und medizinische Experimente« oder »gute und französische Rotweine«. Hier liegen die Gesamtbegriffe »medizinische Experimente« und »französische Rotweine« vor, vor denen kein Komma stehen darf.

2. Werden die Beifügungen gleich stark betont, dann liegt eine Aufzählung vor, die durch ein Komma getrennt wird.

bei gutem, warmem Wetter; wuchtige, eichene Möbel.

Bildet aber das letzte Adjektiv mit dem Substantiv einen Gesamtbegriff, dann wird es gewöhnlich schwächer betont:

das gute bayerische Bier; ein höflicher junger Mann; wuchtige eichene Möbel

3. Ändert sich der Sinn beim Umstellen der Beifügungen, dann liegt ein Gesamtbegriff vor, der nicht durch Komma getrennt wird.

aufsehenerregende medizinische Experimente (*denn man würde nicht sagen:* medizinische aufsehenerregende Experimente)

Das Komma bei Wörtern und Wortgruppen, die außerhalb des eigentlichen Satzes stehen

55 Wörter und Wortgruppen, die außerhalb des eigentlichen Satzes stehen, werden durch ein Komma abgetrennt. Sind sie eingeschoben grenzt man sie mit paarigem Komma ab.

Anreden

56 Anreden werden mit Komma abgetrennt.

Zur Anrede im Brief vgl. 35 und 219, zur Anrede einer Ansprache oder Rede vgl. 219.

Karl, kommst du heute Mittag zu uns? Du, schau mal! Kinder, hört doch mal her. Hört doch mal her, Kinder! Das geht so nicht, mein Lieber. Mama, wo bist du? Was halten Sie davon, Frau Schmidt? Für heute sende ich dir, liebe Ruth, die herzlichsten Grüße. Ich möchte Sie, sehr geehrter Herr Professor, um einen Gefallen bitten. Aber die Unterlagen, Herr Schröder, haben Sie doch wohl dabei? Doch das, lieber Leser, ist eine andere Geschichte. Guten Tag, Frau Kraus, schön dass Sie mal kommen. Auf Wiedersehen, Frau Kraus! Nein, Herr Sommer, dieser Termin passt mir nicht.

Ist die Anrede mit einer einem kurzen Ausruf (Interjektion) verbunden, braucht zwischen beide kein weiteres Komma gesetzt zu werden:

Ach Fritz, komm doch mal her! Na Monika, wie gehts?

Grußformeln und Höflichkeitsformeln

57 Grußformeln und Höflichkeitsformeln werden mit Komma abgetrennt (vgl. aber 34).

Guten Tag, mein Name ist Baumann. Ich muss jetzt gehen, auf Wiedersehen, Frau Simon. Entschuldigung, wie spät ist es?

Als Höflichkeitsformel wird das Wort *danke* (auch: *nein danke*, *danke sehr*, *danke schön* u. dgl.) stets durch Komma abgetrennt:

Ich habe schon gegessen, danke. Danke schön, das war sehr freundlich von Ihnen. Mir geht es gut, danke, ich kann nicht klagen.

Das Wort *bitte* (auch: *bitte sehr*, *bitte schön* u. dgl.) dagegen ist eine Ausnahme, denn es steht meist ohne Komma im Satz:

Bitte gehen Sie voran. Bitte wenden! Bitte nicht rauchen! Bedienen Sie sich bitte. Enschuldige bitte. Wie spät ist es bitte? Nehmen Sie bitte Platz.

Bei besonderer Betonung kann aber auch *bitte* durch Komma abgetrennt bzw. in Komma eingeschlossen werden:

Bitte, helfen Sie mir doch! Helfen Sie mir doch, bitte! Bitte sehr, was darf es sein? Geben Sie mir, bitte, noch etwas Zeit. Wenn Sie das wissen, bitte, warum sagen Sie es dann nicht?

Helfen Sie mir doch bitte.

Helfen Sie mir doch, bitte!

Kurze Ausrufe (Interjektionen)

58 Kurze Ausrufe (Interjektionen) werden mit Komma abgetrennt (vgl. aber 217).

Ach, das ist aber schade! Ach ja, so ist es nun einmal. Ach so, ihr habt geheiratet. Oh, wie schön ist das! Au, das tut weh! He, was machen Sie da? Na bitte, da haben wir die Bescherung! Na ja, es geht. Was, du bist umgezogen? Hurra, wir haben es geschafft! Mist, ich finde den Schlüssel nicht!

Ist der Ausruf nicht betont, dann kann er ohne Kommas im Satz stehen:

Oh wäre ich doch bloß nicht mitgekommen! Ach lass mich doch in Ruhe!

Zwischen Ausruf und Anrede braucht kein Komma gesetzt zu werden (vgl. 56):

Ach Fritz, komm doch mal her! Na Monika, wie gehts?

Ausdrücke einer Stellungnahme

59 Ausdrücke einer Stellungnahme (Bejahung, Verneinung, Bekräftigung u. dgl.) werden mit Komma abgetrennt (vgl. auch 129).

Ja, das ist wahr. Nein, das sollten Sie nicht tun, nein! Ich denke, ja. Ich meine, nein. Doch, ich habe mich vorbereitet. Ja natürlich, ich helfe dir gern. Du hast di Mühe gegeben, sicher, aber nicht genug. Leider, das hat er wirklich gesagt. Das hat er wirklich gesagt, leider. Ich kann schon richtig schwimmen, und ob! Es regnet, und wie! Wir gehen ins Kino, jetzt erst recht. Im Gegenteil, wir würden uns sehr über dein Kommen freuen. Zugegeben, er hat wenig Geld. Übrigens, meine Schwester zieht um. Kurz, es war ein herrlicher Tag. Unmöglich, das glaube ich nicht! Du bist umgezogen, was? Er verdient gut, nicht? Du hast schon gegessen, oder?

Diese Ausdrücke können auch so eng mit dem begleitenden Text verbunden sein, dass man sie nicht abtrennt:

Das ist es, tatsächlich. *(Aber ohne Betonung:)* Das ist es tatsächlich.
Natürlich, du kannst jederzeit kommen. *(Aber mit anderer Wortstellung:)* Natürlich kannst du jederzeit kommen.
Trotz allem, er war ein guter Lehrer. *(Aber mit anderer Wortstellung:)* Trotz allem war er ein guter Lehrer.

Das Komma bei Zusätzen

60 Zusätze unterbrechen den Fluss des Satzes und werden deshalb durch Kommas vom Rest des Satzes abgehoben. Es gibt jedoch auch Fälle, in denen die Kommasetzung freigestellt ist.

Zusätze können in einen Satz eingeschoben sein *(Ilse, meine Tante, kommt zu Besuch.)* oder an seinem Ende stehen *(Ich fahre nach Italien, und zwar nach Rom.)*. Wörter oder Wortgruppen am Satzanfang können dagegen keine Zusätze sein.

Nachgestellte Erläuterungen

61 Nachgestellte Erläuterungen werden durch Komma abgetrennt bzw. in Kommas eingeschlossen, wenn der Satz weitergeht (vgl. aber 65-67).

Nachgestellte Erläuterungen beziehen sich meist auf ein Satzglied. Dann stehen sie direkt hinter ihm:

> Ihre Erfolge, z. B. als Aida, sind unvergesslich. Unvergesslich sind ihre Erfolge, z. B. als Aida.

Sie können sich jedoch auch auf einen ganzen Satz beziehen:

> Sie hat beachtliche Erfolge errungen, z. B. als Aida. Sie hat[,] z. B. als Aida[,] beachtliche Erfolge errungen.

Erläuterungen am Satzanfang sind keine nachgestellten Erläuterungen! Sie dürfen also nicht durch Komma abgetrennt werden:

> Zum Beispiel als Aida hat sie beachtliche Erfolge errungen.

Nachgestellte Erläuterungen kann man meist daran erkennen, dass sie von charakteristischen Wörtern oder Wortgruppen eingeleitet werden. Häufig sind *also, besonders, das heißt (d. h.), das ist (d. i.), genauer, insbesondere, nämlich, und das, und zwar, vor allem, zum Beispiel (z. B.)*.

Sie isst gern Obst, besonders / insbesondere / ausgenommen Apfelsinen und Bananen. Obst, besonders Apfelsinen und Bananen, isst sie gern. Es gibt vier Jahreszeiten, nämlich / und zwar Frühling, Sommer, Herbst und Winter. Für dieses Gericht braucht man frische Kräuter, vor allem / unter anderem / beispielsweise Dill und Basilikum. Der Sportler, immerhin Sieger auf Landesebene, war diesmal nicht erfolgreich. Die Lehrer, allen voran / darunter auch Herr Seidel, waren dagegen. Weitere Personen, meist / großteils Freunde des Angeklagten, stehen unter Verdacht. Mit einem Scheck über 2000 DM, in Worten: zweitausend Mark, hat er die Rechnung bezahlt. Das Schiff fährt wöchentlich einmal, und zwar sonntags, nach Helgoland. Er hatte einen Schwips, und das am frühen Morgen.

Die Erläuterung kann aus einer nachgetragenen Beifügung bestehen (vgl. 68):

Wir planen für nächste Woche, das heißt vielleicht auch für übernächste, einen Gegenbesuch. Er hat alle Kinder, also auch die frechen, gern gehabt. Dieser Winzer hat hervorragende Weine, auch/sogar/darunter preisgekrönte, und verkauft ab Hof. Wir sahen viele Pilze, allerdings nur ungenießbare und giftige.

62 Nach *das heißt* und *das ist* muss manchmal ein zusätzliches Komma gesetzt werden.

• Folgt nur ein erläuternder Satzteil, dann steht kein Komma nach *das heißt* und *das ist*:

Am frühen Abend, d. h. nach Büroschluss, ist der Verkehr besonders stark.
Im Juni, d. i. nach meinem Examen, wollen wir heiraten. Wir werden den Vorfall nicht weitermelden, d. h. keine Strafanzeige erstatten.

• Folgt ein bei- oder untergeordneter Satz, muss ein Komma nach *das heißt* und *das ist* stehen (vgl. 121):

Am frühen Abend, d. h., sobald die Büros geschlossen haben, ist der Verkehr besonders stark. Wir werden den Vorfall nicht weitermelden, d. h., wir haben kein Interesse an einer Strafanzeige. Im Juni, d.i., wenn ich mein Examen hinter mir habe, wollen wir heiraten.

• Folgt eine Infinitiv- oder Partizipgruppe, ist das Komma freigestellt:

Er versuchte den Ball zu passen, d. h. [,] ihn seinem Nebenmann zuzuspielen.
Nur gebückt, d. h. [,] auf allen vieren kriechend, konnten wir uns in der Höhle fortbewegen.

63 Nachgestellte Erläuterungen können auch von einem entgegensetzenden oder einschränkenden Ausdruck eingeleitet werden.

Bald darauf kam er, allerdings ohne das Buch, zurück. Bald darauf kam er zurück, allerdings ohne das Buch, und stotterte eine Entschuldigung. Er gelangte endlich, wenn auch / allerdings unter großen Mühen, in das Haus. Ich habe damals, freilich ohne Erfolg, auf diesen Widerspruch hingewiesen. Ich habe damals, zumindest / jedenfalls mündlich, auf diesen Widerspruch hingewiesen. Sie hatten meine Schwester eingeladen, jedoch nicht ihren Verlobten, und begründeten das nicht einmal. In Frankreich, aber auch in England, ist das bereits üblich.

64 Auch nachgestellte Erläuterungen ohne Einleitewort werden durch Komma abgetrennt bzw. in Kommas eingeschlossen.

Im Gegensatz zum nachgestellten Beisatz (Apposition) liegt hier keine Gleichsetzung vor. Die Kommasetzung ist aber in beiden Fällen gleich.

Von der Firma Koch und Söhne, Büroeinrichtungen, ist ein neuer Prospekt eingetroffen. In Augusta, Georgia, brannte eine Fabrik ab. Die Speditionsfirma »Globus«, Essen, wird die Möbel mitnehmen. Er hat damals in Bellheim, Kreis Germersheim, gewohnt. Die Feier findet in der Michaelskirche, Köln-Deutz, statt. Am Dienstag, nachmittags 5 Uhr, ist sie gewöhnlich zum Tee bei ihrer Freundin. Susanne Schröder, 36, Apothekerin, wurde verhaftet. August II., Kurfürst von Sachsen und König von Polen, hatte den Beinamen »der Starke«. Als er nach Hause zurückkam, über einen Monat später, ging es ihm schon viel besser. Einer von ihnen, [und zwar] sein engster Mitarbeiter, hat ihn verraten. Ich bin nie in Paris gewesen, auch nicht auf der Durchreise.

Sonderfälle

65 Nachgestellte Erläuterungen mit *wie* erhalten nur dann ein Komma, wenn verdeutlicht werden soll, dass sie für das Verständnis des Satzes nicht unbedingt nötig sind (vgl. genauer 185, 7 und 8).

Die Auslagen[,] wie Post- und Telefongebühren, Eintrittsgelder, Fahrkosten u. dgl. [,] ersetzen wir Ihnen. Heimische Wildtiere[,] wie z. B. Fuchs, Dachs und Marder[,] sind in Gehegen untergebracht.

66 Einige genauere Bestimmung brauchen nicht in Kommas eingeschlossen zu werden, wenn sie an einer Stelle stehen, die sie auch als
Satzglied einnehmen können.

Dieser Fall kommt aber nicht vor bei *und zwar, und das, das heißt (d. h.), das ist
(d. i.)* sowie bei entgegensetzenden und einschränkenden Konjunktionen[4]. Erläuterungen mit diesen Einleitewörtern können also nur mit Kommas stehen.

Sie hat[,] vor allem im Kriege und in der Nachkriegszeit[,] vielen Menschen tatkräftig geholfen.
(*Aber nachgestellt:* Sie hat vielen Menschen tatkräftig geholfen, vor allem im Kriege und in der Nachkriegszeit.)

Sie hat[,] z. B. als Aida[,] beachtliche Erfolge errungen.
(*Aber nachgestellt:* Sie hat beachtliche Erfolge errungen, z. B. als Aida. *Ebenso
direkt nach dem Bezugswort:* Ihre Erfolge, z. B. als Aida, sind unvergesslich.
Unvergesslich sind ihre Erfolge, z. B. als Aida.)

67 Das schließende Komma nach einer Erläuterung entfällt, wenn sie
in eine substantivische oder verbale Fügung einbezogen ist (vgl.
dagegen 233).

Die Erläuterung ist in eine substantivische Fügung einbezogen,
wenn sie zwischen einer Beifügung und ihrem Bezugswort steht und
die Beifügung erläutert:

Auf der Ausstellung waren viele ausländische, insbesondere holländische Firmen
vertreten. Das ist eine winterharte, d. h. nicht frostempfindliche Pflanze. Das alte
Buch enthält viele farbige, und zwar mit der Hand kolorierte Holzschnitte. Wir
planen für nächste, d.h. vielleicht auch für übernächste Woche einen Gegenbesuch. Das ist ein veraltetes, also ungebräuchliches Wort. Er war ein unentbehrlicher, weil sehr erfahrener Mitarbeiter.

Die Erläuterung ist in eine verbale Fügung einbezogen, wenn sie zwischen den Teilen des Prädikats steht und das Prädikat erläutert:

Ich wartete, bis er sein Herz ausgeschüttet, d. h. alles erzählt hatte und erschöpft
schwieg. Ich danke dir herzlich, dass du mir helfen, insbesondere mir ein Zimmer
verschaffen willst.
(*Aber:* Zur Ausstellung waren viele Firmen, insbesondere aus Holland, gekommen. – Diese Erläuterung steht zwar zwischen den Teilen des Prädikats, aber sie
erläutert nicht dasPrädikat.)

---

[4] Als Konjunktionen werden hier der Einfachheit halber auch die einem Satz oder
Satzteil vorangestellten Adverbien (z. B. *teils – teils*) bezeichnet.

Nachgestellte Beifügungen

68 Adjektive und Partizipien (gebeugt oder ungebeugt), die ihrem Bezugswort nachgestellt sind, werden in Kommas eingeschlossen:

Da bricht der Abend, der frühe, herein. Ans Vaterland, ans teure, schließ dich an (Schiller). Dein Wintermantel, der blaue, muss in die Reinigung. Tante Sophie, die gute, hat mir Geld zugesteckt.

Es können auch mehrere Beifügungen aneinander gereiht sein:

Mehrere Mitarbeiter, sprachkundig und schreibgewandt, werden gesucht. Sonja, gesund, aufgeweckt und lebenslustig, war ihrer Schwester völlig unähnlich. Karl schaut zum Fenster hinaus, müde und gelangweilt. Ein brauner Wallach stand im Hof, gesattelt und gezäumt. Sie erzählte allerlei Geschichten, erlebte und erfundene.

Der November, kalt und nass, löste eine heftige Grippewelle aus.

Die Beifügungen können auch nähere Bestimmungen bei sich haben. Dann bezeichnet man sie als Adjektivgruppen bzw. Partizipgruppen (vgl. 113):

Frau Giebel, früher bei Müller & Klein tätig, leitet seit November bei uns den Vertrieb. Gewehrkugeln, groß wie Taubeneier und klein wie Bienen (Brecht). Ein dreijähriger Schäferhund, gut erzogen, folgte ihm. Dieser Konzern, mit Abstand der bedeutendste in seiner Branche, geriet in die Schlagzeilen.

Nachgetragene Beifügungen kommen in Warenlisten, Katalogen, Anzeigen und auf Speisekarten häufig vor, nämlich wenn das Bezugswort zuerst gelesen werden soll und deshalb am Anfang steht:

Kabeljau, gedünstet, DM 15,40; Seezungenfilet, gebacken, DM 15,60. – 2-Zimmer-Wohnung, möbliert, zu vermieten. – Schlafzimmer, Birke, naturmattiert. – Kerzenschaftlampen, mattiert, mit wachsgelbem Schaft. – Eine Radierung von Picasso, handsigniert.

 Beim Druck in Spalten entfällt das letzte Komma:

Kabeljau, gedünstet   DM 15,40
Seezungenfilet, gebacken   DM 15,60

69 In seltenen Fällen ist ein ungebeugt nachgestelltes Adjektiv oder Partizip (oder ein Pronomen) Teil einer festen Fügung. Dann wird es nicht durch Komma abgetrennt.

Aal blau / Forelle blau (Zubereitungsart); 1000 Mark bar; Whisky pur

Solche festen Fügungen kommen häufig bei Markennamen vor:

Henkell trocken; HB mild; Fanta light; Esso bleifrei

Auch in der Dichtung sind sie gebräuchlich:

Hänschen klein … (Kinderlied). Bei einem Wirte wundermild … (Uhland). Röslein, Röslein, Röslein rot … (Goethe). Joseph, lieber Joseph mein … (Weihnachtslied).

Bei Familiennamen erscheinen die lateinischen Adjektive *senior* (der Ältere) und *junior* (der Jüngere):

Haben Sie Herrn Becker junior gesehen? Hermanns Schwester ist mit Herrn Meier senior verheiratet. Philipp Reclam jun. (Verlagsname).

Als Sonderfall gehört auch folgender Satz hierher, in dem der nachgestellte Komparativ nicht wegfallen kann:

Bei einem Durchschnitt kleiner als 2,5 findet keine Wertung statt.

Nachgestellte Beisätze (Appositionen)

70 Den nachgestellten Beisatz (die Apposition) trennt man durch Komma ab bzw. schließt ihn in Kommas ein, wenn der Satz weitergeht.

Von einem Beisatz spricht man, wenn ein Substantiv durch ein nachgestelltes anderes Substantiv näher bestimmt wird. Der Beisatz bringt eine Gleichsetzung zum Ausdruck *(Johannes Gutenberg, [das ist] der Erfinder der Buchdruckerkunst, …).*

Einen Beisatz kann man weglassen, ohne dass der Satz sinnlos wird:

Das Ziel unseres Ausflugs war ein schönes, altes Städtchen, das so genannte Rothenburg Österreichs.
(Nach wie vor sinnvoll: Das Ziel unseres Ausflugs war ein schönes, altes Städtchen. *Aber:* Mit Recht nennt man dieses schöne, alte Städtchen das Rothenburg Österreichs. – *Hier ist die Wortgruppe am Schluss für die Satzkonstruktion unentbehrlich, es liegt also kein Beisatz vor.)*

Mein Onkel, ein großer Tierfreund, und seine Katzen leben in einer alten Mühle. Das Gebäude, ein ehemaliges Krankenhaus, war verfallen. Wir gingen in die Hütte, einen kalten Raum mit kleinen Fenstern, und zündeten ein Feuer im Kamin an. In Frankfurt, der bekannten Handelsstadt, befindet sich ein großes Messegelände. Die Röntgenstrahlen, eine Entdeckung Wilhelm Conrad Röntgens, hießen zuerst X-Strahlen. Noch am selben Tag, dem Dienstag vergangener Woche, rief ich sie an. Er summte wieder diese Melodie, ein Lied, das er im Radio gehört hatte. Sie unterrichtet meine Lieblingsfächer, Biologie und Chemie. Sie unterrichtet Biologie und Chemie, meine Lieblingsfächer.

71 Eine Apposition liegt auch vor, wenn ein Wort oder eine Wortgruppe (z. B. die *Gärtnerin*) durch ein hinweisendes Wort oder eine Wortgruppe (z. B. *sie*) angekündigt wird. Das angekündigte Textstück wird dann in Kommas eingeschlossen:

Sie, die Gärtnerin, weiß das ganz genau. Wie sollte *er*, der kleine Angestellte Norbert Krause, das schaffen? *Wir beide*, du und ich, wissen es genau. Ich habe *ihn* gut gekannt, deinen Vater, und oft mit ihm Karten gespielt. Aber *dies*, ein Leben in Gefangenschaft, konnte er nicht ertragen. Ich habe zwei Brüder und *der eine*, Georg, wohnt gleich um die Ecke. *Es* ist sehr begabt, dieses Kind.

72 Gelegentlich zeigt allein das Komma, ob eine Aufzählung oder ein nachgestellter Beisatz vorliegt. In diesen Fällen kann also das Komma den Sinn eines Satzes verändern.

Beisatz, in Kommas eingeschlossen:

Tante Gertrud, die Schwester meiner Mutter, und Onkel Wilhelm sind heute gekommen.
(Die Kommas bringen eine Gleichsetzung zum Ausdruck. Also ist Tante Gertrud die Schwester der Mutter und es handelt sich nur um zwei Personen.)

Aufzählung:

Tante Gertrud, die Schwester meiner Mutter und Onkel Wilhelm sind heute gekommen.
(Es handelt sich um 3 Personen.)

Tante Gertrud, die Schwester
meiner Mutter, und Onkel Wilhelm.

Tante Gertrud, die Schwester
meiner Mutter und Onkel Wilhelm.

73 Eine vorangestellte genauere Bestimmung wird dagegen nicht durc Komma abgetrennt.

Radiumbad Oberschlema, *Lutherstadt* Eisleben, *die Messestadt* Frankfurt, *das grüne Land* Thüringen, *unser größeres Vaterland* Europa; *die Elektrofirma* AEG, *der Begriff* »Schönheit«, *die Bezeichnung* »Kraftfahrzeug«.

Auf einen Blick:
Besonderheiten bei Personennamen

Genauere Bestimmungen nach einem Namen

74 Als nachgestellte Beisätze bei Personennamen treten vor allem Berufs-, Standes-, Verwandtschafts- und Herkunftsbezeichnungen auf. Sie werden durch Komma abgetrennt bzw. in Kommas eingeschlossen.

Professor Dr. med. Max Müller, Direktor der Kinderklinik, war unser Gesprächspartner. Franz Meier, der Angeklagte, verweigerte die Aussage. Mainz ist die Geburtsstadt Johannes Gutenbergs, des Erfinders der Buchdruckerkunst. Nikolaus Kopernikus, der große Astronom, starb 1543. Unser Gast ist heute Nina Schröder, Bandleaderin, Computerfan und begeisterte Hobby-Astrologin.

Mehrere Beisätze werden untereinander durch Komma getrennt:

Valerie war verheiratet mit Dr. Karl Brugmann, ordentlichem Professor an der Universität Leipzig, dem bekannten Sprachwissenschaftler.

75 In alphabetisch geordneten Namenlisten, Literaturverzeichnissen u. dgl. wird oft der Familienname vorangestellt. Dann bilden die übrigen Angaben zur Person, also Vornamen, Geburtsnamen, Titel und Berufsbezeichnungen, einen oder mehrere nachgestellte Beisätze, die untereinander durch Kommas getrennt werden.

Schneider, Martha, geb. Kühn

Zwischen Wörter, deren normale Reihenfolge erhalten bleibt, setzt man dabei keine Kommas:

Schulze, Hans Albert, Kaufmann
Schmitz, Max, Geh. Regierungsrat Dr. phil. Dr. jur. h. c., Generalintendant
Wartberg, Felicitas Julia Gräfin von, Dipl.-Ing.

76 Der dem Familiennamen hinzugefügte Geburtsname ist ein nachgestellter Beisatz.

Frau Martha Schneider, geborene Kühn, wurde als Zeugin vernommen.

Er wird jedoch oft als Bestandteil des Namens aufgefasst und ohne Kommas angeschlossen. Dabei wird das Wort »geborene« meist in der Form »geb.« abgekürzt.

Frau Martha Schneider [,] geb. Kühn[,] wurde als Zeugin vernommen.

In ähnlicher Weise können die mit »verh.« (= verheiratete), »gesch.« (= geschiedene) u. Ä. angeschlossenen Zusätze geschrieben werden:

Seine Tochter Maria[,] verh. König[,] starb 1856.

Wo aber zwei oder mehrere Zusätze erscheinen, sollten sie alle mit Kommas untereinander und vom Familiennamen abgetrennt werden:

Die Zeugin Friederike Sänger, geb. Adam, gesch. Hansen, ist nicht erschienen.

77 Nachgestellte Abkürzungen von Titeln, akademischen Graden u. dgl. werden nicht durch Komma abgetrennt.

Mechthild Lange M. A. (= Magister Artium)

Dasselbe gilt für die lateinischen Adjektive *senior* (der Ältere) und *junior* (der Jüngere):

Haben Sie Herrn Becker junior gesehen? Hermanns Schwester ist mit Herrn Meier senior verheiratet.

78 Ein nachgestellter Beiname wird nicht durch Komma abgetrennt (vgl aber 79-80).

Friedrich *der Große* war der bedeutendste Hohenzollernfürst. Der französische König Ludwig *der Heilige* starb auf einem Kreuzzug. Herzog Heinrich *der Löwe* wurde im Dom zu Braunschweig beigesetzt. Das berühmte Bild Heinrichs VIII. (= *des Achten)* von England stammt von Hans Holbein *dem Jüngeren.* König Johann *ohne Land* folgte 1199 seinem Bruder Richard *Löwenherz* auf dem Thron.

79 Besteht aber ein solcher Beiname aus einem Hauptwort (Substantiv mit einer näheren Bestimmung, dann muss er in Kommas eingeschlossen werden.

Friedrich Wilhelm, der Große Kurfürst, schlug die Schweden bei Fehrbellin. Joe Louis, der »braune Bomber«, war 14 Jahre lang Weltmeister im Schwergewicht. Man vergleicht ihn bereits mit Paul Hamilton, dem »König der Wallstreet«.

80 Hat eine Person zwei Beinamen, wird der zweite mit Komma abgetrennt, sofern er mit einem Artikel beginnt.

Der französische König Ludwig IX. (= der Neunte), *der Heilige,* starb auf einem Kreuzzug.
(*Aber ohne Komma:* Kaiser Friedrich I. (= der Erste) *Barbarossa* ertrank 1190. Markgraf Friedrich I. von Meißen *mit der gebissenen Wange* lebte von 1257 bis 1323.)

Genauere Bestimmungen vor einem Namen

81 Vorangestellte Vornamen dürfen nicht durch Komma vom Familiennamen abgetrennt werden. Auch werden mehrere Vornamen einer Person nicht durch Kommas getrennt.

Hans Albert Schulze; Ernst Theodor Amadeus Hoffmann; Wir freuen uns über die Geburt von Heiko Thomas; Das Kind wurde auf den Namen Anne Marie Theresa getauft.

82 Vorangestellte Titel ohne Artikel (Geschlechtswort) dürfen nicht durch Komma vom Familiennamen abgetrennt werden. Auch werden mehrere Titel einer Person nicht durch Kommas getrennt.

Geheimer Regierungsrat Professor Dr. phil. Dr. jur. h. c. Max Schmitz
Herr Dipl.-Kfm. Dipl.-Phys. Kurt Meier
Frau Dipl.-Ing. Felicitas Julia Gräfin von Wartberg
Marie Sibylle Baronin von Strantz-Neumann
Ihre Majestät Königin Elisabeth II.
Direktor Professor Dr. med. Max Müller führte uns durch die Klinik.
(*Aber mit Artikel:* Der Direktor[,] Professor Dr. med. Max Müller[,] führte uns durch die Klinik. Vgl. 83.)

83 Nach einer vorangestellten Berufsbezeichnung o. dgl.
  – mit bestimmtem Artikel (*der, die, das*)
  – mit Demonstrativpronomen (hinweisendes Fürwort, z. B. *dieser*)
  – mit Possessivpronomen (besitzanzeigendes Fürwort, z. B. *mein, unser*)
sollten Sie den Namen nicht in Kommas setzen, da dies in bestimmten Fällen nicht zulässig ist. Wenn Sie die Kommas weglassen, können Sie nichts falsch machen.

Hier für Interessierte die genaue Regelung:

• Ist der Name ein notwendiger Bestandteil des Satzes, darf er nicht in Kommas eingeschlossen werden.

Im Satz »Unsere Kundin Frau Anna Müller hat angerufen« kann man den Namen beispielsweise nicht weglassen, wenn man sonst nicht weiß, welche Kundin gemeint ist.

Der Zahnarzt Dr. Hans Meier hat geheiratet. Das Restaurant wird von dem Gastwirtsehepaar Karl und Anna Reining geleitet. Die Brüder Jacob und Wilhelm

Grimm haben das Deutsche Wörterbuch geschaffen. Wenden Sie sich bitte an meine Kollegin Frau Studienrätin Dr. Beck. Der Dichter, Maler und Musiker E. T. A. Hoffmann (1776-1822) lebte zuletzt in Berlin.

• Könnte man dagegen den Namen weglassen, hat man die Wahl: Man kann ihn wiederum ohne Kommas anfügen oder ihn aber als Beisatz in Kommas einschließen.

Im folgenden Satz beispielsweise kann man den Namen weglassen, ohne dass eine notwendige Information verlorengeht: »Der Erfinder der Buchdruckerkunst[,] Johannes Gutenberg[,] wurde in Mainz geboren.« Da es nur einen Erfinder der Buchdruckerkunst gibt, kann nur Johannes Gutenberg gemeint sein.

Der Direktor der Kinderklinik[,] Professor Dr. med. Max Müller[,] war der Gesprächspartner. Die Hebamme[,] Gertrud Patzke[,] wurde 60 Jahre alt.

Schließt man den Namen in Kommas ein, macht man also eine Aussage über die Person:

Der Angeklagte, Franz Meier, verweigerte die Aussage. (Es gibt nur einen Angeklagten und der heißt Franz Meier. Sein Name ist nur ein Zusatz zu der ausreichend genauen Angabe »der Angeklagte«.)
Der Angeklagte Franz Meier verweigerte die Aussage. (Franz Meier kann der einzige Angeklagte sein, er könnte aber auch einer unter mehreren sein.)

Würde man im Satz »Unsere Kundin Frau Anna Müller hat angerufen« den Namen in Kommas setzen, dann hätte die Firma nur eine Kundin!

Nach einer vorangestellten Berufsbezeichnung o. dgl. mit unbestimmtem Artikel *(einer, eine, ein)* muss der folgende Name als Beisatz in Komma eingeschlossen werden.

Eine Kundin von uns, Frau Anna Müller, hat angerufen. Ein großer Astronom, Max Wolff, hat hier gelebt.

Präpositionalgruppen

84 Gefüge mit Präpositionen (Verhältniswörtern) sowie entsprechende Wortgruppen oder Wörter kann man als nachgestellte genauere Bestimmungen in Kommas einschließen oder aber ohne Komma schreiben.

Die Fahrtkosten[,] einschließlich ICE-Zuschlag[,] betragen 130,80 DM. Die Fahrtkosten betragen 130, 80 DM[,] einschließlich ICE-Zuschlag. Sie können mich[,] außer / ausgenommen in der Mittagszeit[,] im Büro erreichen. Alle[,] bis auf Karl[,] wollen mitfahren. Der Kunde hat 200,- DM zu bezahlen[,] abzüglich Skonto. Das kostet 541,60 DM[,] zuzüglich 15 % Mehrwertsteuer. Der Kranke hatte[,] entgegen ärztlichem Verbot[,] das Bett verlassen. Sie hat[,] trotz aller guten Vorsätze[,] wieder zu rauchen angefangen. Sie hat[,] bedauerlicherweise[,] wieder zu rauchen angefangen. Das war[,] nach allgemeinem Urteil[,] eine Fehlleistung. Er hatte sich[,] den ganzen Tag über[,] mit diesem Problem beschäftigt. Wir waren[,] abgesehen vom Frühstück[,] mit dem Hotel zufrieden.

Die ganze Familie[,] samt Kindern und Enkeln[,] besuchte die Großeltern.

 Steht ein Gefüge mit Präposition am Satzanfang, darf es dagegen nicht abgetrennt werden:

Einschließlich ICE-Zuschlag betragen die Fahrtkosten 130,80 DM. Bis auf Karl wollen alle mitfahren. Trotz aller guten Vorsätze hat sie wieder zu rauchen angefangen. Abgesehen vom Frühstück waren wir mit dem Hotel zufrieden. Frau Dr. Krämer zufolge ist dieses Produkt gesundheitsschädlich.

Mehrteilige Orts-, Wohnungs-, Zeit- und Literaturangaben

5 Mehrteilige Orts-, Wohnungs-, Zeit- und Literaturangaben ohne Präposition (Verhältniswort) kann man in Kommas einschließen oder aber ohne schließendes Komma schreiben.

Der Grund: Man kann eine solche Angabe entweder als mehrteiligen nachgestellten Beisatz (mit schließendem Komma, vgl. 70) auffassen oder aber als Aufzählung (ohne schließendes Komma, vgl. 39).

Mehrteilige Orts- und Wohnungsangaben

86 Bei mehrteiligen Orts- und Wohnungsangaben werden die einzelnen Bezeichnungen durch Kommas abgetrennt (Name, Ort, Straße mit Hausnummer, Gebäudeteil usw.). Bezeichnungen, die enger zusammengehören, können auch ohne Komma nebeneinander stehen.

Mannheim, Theodor-Heuss-Str. 75, VI. Stock[,] rechts
Der Antragsteller ist Herr Gustav Meier, Wiesbaden, Wilhelmstraße 24.

Sind aber Glieder einer mehrteiligen Orts- und Wohnungsangabe mit einer Präposition (*am, im* u. a.) angeschlossen, dann steht vor der Präposition kein Komma.

Gabi Müller wohnt *in* Köln, Kirchplatz 4, III. Stock.
Gabi Müller wohnt *in* Köln *am* Kirchplatz 4, III. Stock.
Gabi Müller wohnt *in* Köln *am* Kirchplatz 4 *im* dritten Stock.

87 Geht der Satz nach der mehrteiligen Angabe weiter, ist das Komma nach dem letzten Bestandteil freigestellt.

Herr Gustav Meier, Wiesbaden, Wilhelmstraße 24, I. Stock[,] hat diesen Antrag gestellt.
Die Eltern meines Freundes besitzen in Weinheim a. d. Bergstraße, Kastanienweg 5[,] ein hübsches Haus.
Die Firma hat ihren Sitz in Hannover-Linden, Ringstraße 34-38[,] und stellt technische Textilien hier.
Herr Brandt ist von Mannheim-Käfertal, Irisweg 24[,] nach Mannheim-Feudenheim, Eberbacher Platz 18[,] verzogen.
Gabi Müller hat lange in Köln, Kirchplatz 4, III. Stock[,] gewohnt.
(*Aber mit Präpositionen:* Gabi Müller hat lange in Köln am Kirchplatz 4 im dritten Stock gewohnt.)

88 Bei zeilenweise abgesetzten Wohnungsangaben, beispielsweise in Briefanschriften, steht an den Zeilenenden kein Komma (vgl. 34):

Schmidt & Müller GmbH
Personalabteilung
z. H. Frau Anne Hiltmann
Postfach 90 10 98

60450 Frankfurt a.M.

Mehrteilige Zeitangaben

89 Bei mehrteiligen Zeitangaben werden die einzelnen Bezeichnungen durch Kommas abgetrennt (Wochentag, Monatsname, Uhrzeit). Eine voranstehende Ortsangabe wird in die Aufzählung einbezogen.

Nächstes Treffen: Mittwoch, 14. November, 9.00 Uhr
Augsburg, Hotel Drei Mohren, Samstag, den 4. November, 16 Uhr

Sind aber Glieder einer mehrteiligen Zeitangabe mit einer Präposition (*am, gegen* u. a.) angeschlossen, dann steht vor der Präposition kein Komma.

Die Teilnehmer treffen sich *am* Samstag, den 4. November, 16 Uhr. Wir treffen uns *am* 30. Oktober *um* 16.15 Uhr. Ich erwarte den Minister *am* 3. 11. *gegen* 14 Uhr. Der Unfall ereignete sich [*am*] Mittwoch *kurz vor* 18 Uhr in der Rudolfstraße.

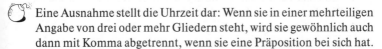 Eine Ausnahme stellt die Uhrzeit dar: Wenn sie in einer mehrteiligen Angabe von drei oder mehr Gliedern steht, wird sie gewöhnlich auch dann mit Komma abgetrennt, wenn sie eine Präposition bei sich hat.

Wir treffen uns am Montag, den 30. Oktober, *um* 16.15 Uhr. Ich erwarte den Minister am Mittwoch, dem 3.11., *gegen* 14 Uhr.

90 Geht der Satz nach der mehrteiligen Angabe weiter, ist das Komma gemäß 85 nach dem letzten Bestandteil freigestellt.

Beispiele für Tagesangaben ohne Uhrzeit:

Die Familie kommt Montag, den 5. September [,] an.
Die Familie kommt Montag, 5. September [,] an.

Nächsten Samstag, den 7. 8. [,] fahren wir in Urlaub.
Der Tapezierer ist für Dienstag, 20. Mai [,] bestellt.
Die Verhandlung wurde auf Montag, den 5. 11. [,] vertagt.
Wir müssen bis Freitag, 18. März [,] fertig werden.

Die Familie kommt am Montag, dem [*oder:* den] 5. September [,] an.
Wir müssen bis zum Freitag, dem [*oder:* den] 18. 3. [,] fertig werden.
Er ist seit Montag, dem [*oder:* den] 1. Juli [,] verreist.

Beispiele für Tagesangaben mit Uhrzeit:

Die Tagung soll am Mittwoch, dem 14. November, [*um*] 9.00 Uhr [,] im Hotel Krone beginnen.
Am Mittwoch, den 11. 12. 1996, gegen 15.00 Uhr [,] wurde auf dem Kaiserring ein Kind von einer Straßenbahn erfasst.
Sonntag, den 25. Juli, kurz nach 11 Uhr [,] fuhr ich zum Flughafen.
Wir kommen am 30. Oktober, 16.15 Uhr [,] in der Kantine zusammen.

91 Für die Angabe von Ort und Datum bzw. Wochentag und Datum stehen verschiedene Formen zur Auswahl. Hier einige Beispiele:

Berlin, den (*oder:* am) 13. Februar 1997 Montag, den 13. Februar 1997
Berlin, den (*oder:* am) 13. Feb. 1997 Montag, den 13. Feb. 1997
Berlin, im Februar 1997
Berlin, 13.02.97 Montag, 13.02.97
Berlin, den (*oder:* am) 13.02.1997 Montag, den 13.02.1997

Nach DIN 5008 wird (nach internationaler Norm) das Datum bei Ziffernschreibung durch Mittestrich gegliedert; die Reihenfolge ist dann: Jahr, Monat, Tag.

Berlin, 98-02-13 (*oder:* Berlin, 1998-02-13)

Der Dativ kann bei Zeitangaben nur in Verbindung mit einer Präposition (*am*, *zum*, *seit* u. a.) auftreten. Die Schreibweise »Montag, dem 13. Februar« oder »Berlin, dem 13.Februar«, die manchmal in Briefen verwendet wird, ist also f a l s c h .

Mehrteilige Literaturangaben

92 Stehen mehrteilige Literaturangaben zu Büchern, Aufsätzen, Schriftstücken u. dgl. im Satzzusammenhang, werden die einzelnen Angaben durch Kommas abgetrennt.

Über die Zusammensetzung von Substantiven schreibt Hermann Paul in seiner Deutschen Grammatik, Bd. V, 3. Auflage, Halle 1957, §§ 6-28.

Der Redner berief sich auf einen Artikel im »Spiegel«, 35. Jahrgang, 1981, Heft 8, S. 104.

Sind aber Glieder einer mehrteiligen Literaturangabe mit einer Präposition (*im*, *auf* u. a.) angeschlossen, dann steht vor der Präposition kein Komma.

Das steht im neuen Spiegel *auf* S. 108.

93 Geht der Satz nach der mehrteiligen Angabe weiter, ist das Komma gemäß 85 nach dem letzten Bestandteil freigestellt.

Diese Regel ist im Duden, Rechtschreibung, 21. Auflage, 1996, S. 43, R 63 [,] enthalten.

J. Erben, Deutsche Grammatik, ein Leitfaden (Fischer Bücherei 904), S. 23ff.[,]
behandelt diese Frage ausführlich.
In der Zeitschrift Spektrum, Jahrgang 29, Heft 2, S. 134 [,] findet sich ein entsprechendes Zitat.

 Bei Hinweisen auf Gesetze, Verordnungen usw. setzt man kein Komma:

Maßgebend ist § 6 Abs. 2 Satz 2 der Personalverordnung. Den Erfordernissen
des Artikels 103 Absatz 1 des Grundgesetzes (*auch:* des Art. 103 Abs. 1 GG) muss
Rechnung getragen werden.

94 Wenn Sie auf einen Buchtitel verweisen, sollte Ihre Angabe immer
den Ort und das Jahr des Erscheinens enthalten. Geben Sie bei
Büchern, die noch lieferbar sind, möglichst auch den Verlag an.
Bei Zeitschriften genügt im Allgemeinen die Angabe von Heft oder
Band, Jahrgang und Seite.

Für die Angaben in einem Literaturverzeichnis gibt es keine allgemein verbindlichen Vorschriften, aber die folgenden Beispiele zeigen
übliche Formen und können als Orientierung dienen.

Selbstständige Schriften:

Brinkmann, Hennig: Die deutsche Sprache. Gestalt und Leistung. 2. Auflage.
Düsseldorf (L. Schwann) 1971

K. Agthe, K. und E. Schnaufer (Hrsg.): Unternehmensplanung. Baden-Baden u.
Bad Homburg v. d. H. (Gehlen) 1963

Brecht, Bertold: Geschichten (Gesammelte Prosa in 4 Bden., Bd. 1). Frankfurt
am Main[,] 1980 (Edition Suhrkamp, Nr. 182)

Nichtselbstständige Schriften:

Beiträge in Sammelwerken

Möhn, D.: Fach- und Gemeinsprache. Zur Emanzipation und Isolation der Sprache. In: Wortgeographie und Gesellschaft, Festschrift für L. E. Schmitt, hrsg. von
W. Mitzka, Berlin 1968, S. 315-348

Zeitschriftenaufsätze

Venzmer, Gerhard: Herzerkrankungen und Herzersatz. [In:] Kosmos 62, 1966,
S. 319-322 (mit 1 Abb.)

Das Komma bei Infinitivgruppen, Partizipgruppen und ähnlichen Wortgruppen

Infinitivgruppen, Partizipgruppen und verwandte Wortgruppen nehmen eine Mittelstellung zwischen Satzteilen und Sätzen ein. Daher ist es häufig dem Schreibenden überlassen, ob er die Wortgruppe mit Komma vom übrigen Satz abtrennen möchte oder nicht.

Infinitivgruppen

▶ Eine Infinitivgruppe als Bestandteil einer Aufzählung von Satzteilen (z. B. *mit erhöhter Geschwindigkeit und ohne anzuhalten*): 46

95 Was sind Infinitivgruppen?

Als Infinitivgruppen (Grundformgruppen) bezeichnet man Infinitive (Grundformen), die ein *zu* bei sich haben (z. B. *zu schwimmen, gearbeitet zu haben, gelobt zu werden, ins Kino zu gehen, anstatt zu lernen, um nicht verreisen zu müssen*). Je nach ihrer Verwendung im Satz müssen oder können sie durch Kommas abgetrennt werden. Manchmal sind sie aber auch so eng mit dem Satz verbunden, dass sie nicht abgetrennt werden können.

Infinitive ohne *zu* gehören dagegen nicht zu den Infinitivgruppen und werden in diesem Kapitel nicht behandelt. Sie sind immer einfaches Satzglied oder Teil eines Satzgliedes und werden auch dann nicht durch Komma abgetrennt, wenn sie mit Ergänzungen verbunden sind:

Karl kann über den Rhein *schwimmen*. Karl soll über den Rhein *geschwommen sein*. Ein guter Christ *sein* heißt allen Menschen ein stets bereiter Helfer *sein*. Ich will mir lieber die Zunge *abbeißen* als etwas *verraten*.

Infinitivgruppen, die durch Komma abgetrennt werden müssen

Infinitivgruppen in Verbindung mit einem hinweisenden Wort

96 Infinitivgruppen, die durch ein hinweisendes Wort angekündigt oder aufgenommen werden, trennt man mit Komma ab.

Meist folgt das hinweisende Wort auf die Infinitivgruppe. Dann wird sie durch ein einfaches Komma abgetrennt (vgl. 42):

Eine Familie zu gründen, *das* ist sein größter Wunsch.

Seltener geht das hinweisende Wort voraus. Dann schließt man die Infinitivgruppe in Kommas ein:

Dies, eine Familie zu gründen, ist sein größter Wunsch.

Das hinweisende Wort kann *daran, darum, darauf* o. dgl. sein:

Ich denke nicht *daran*, zu kommen. Ich bin *dafür*, abzustimmen. Ich bin *davon* überzeugt, verraten worden zu sein. Es geht nicht *darum*, als Erster am Ziel zu sein, sondern *darum*, dem Gegner die Spielsteine wegzunehmen. Wir freuen uns schon *darauf*, nächste Woche mit euch ins Theater zu gehen. Sie liebäugelt *damit*, sich selbstständig zu machen. Jetzt kommt es *darauf* an, Flagge zu zeigen, nicht kleinbeizugeben. *Daran*, den Job länger zu behalten, dachte sie nicht. Sie hatte die Nase voll und den Job länger zu behalten, *daran* dachte sie nicht und kündigte.

Das hinweisende Wort kann *es, das, dies* o. dgl. sein:

Es ist besser, zu warten. *Es* ist sein größter Wunsch, eine Familie zu gründen. Sein größter Wunsch ist *es*, eine Familie zu gründen. Jetzt galt *es*, schnell zu handeln. Zu lesen, *das* war meine liebste Beschäftigung. Eine Familie zu gründen, *das* ist sein größter Wunsch. *Dies*, eine Familie zu gründen, ist sein größter Wunsch. Seine Mitmenschen hinters Licht zu führen, *so etwas* macht ihm diebische Freude. *Es* ist mir lieber, mein Geld los zu sein, als mit gebrochenen Knochen im Krankenhaus zu landen.

Auch ein Substantiv kann als hinweisendes Wort angesehen werden:

Sie besitzt die *Fähigkeit*, zuzuhören. Seine *Bereitschaft*, zu helfen, macht uns große Freude. Wir haben die *Absicht*, uns zu erholen. Der Redner schloss mit der *Mahnung*, mehr Geld für Entwicklungshilfe zur Verfügung zu stellen. Seine *Bemühungen*, zu vermitteln und eine Lösung zu finden, waren erfolglos. Sie hatten den *Wunsch*, auszuwandern, alles hinter sich zu lassen und ein neues Leben zu beginnen. Der *Gedanke*, nach Australien zu reisen, ließ ihn nicht mehr los. Zu verreisen, der *Gedanke* war verlockend. Er war eigens zu dem *Zweck* gekommen, mich um Geld zu bitten.

Nachgetragene Infinitivgruppen

97 Infinitivgruppen mit *um zu, ohne zu, als zu, wie zu* und *(an)statt zu* können so in einen Satz eingeschoben sein, dass sie seinen normalen Satzfluss unterbrechen. Diese nachgetragenen Infinitivgruppen schließt man als Zusätze (vgl. 60) in Kommas ein.

Eine ganze Stunde lang, um nur ja den richtigen Moment nicht zu verpassen, kauerte der Fotograf vor dem Fuchsbau. Diese Firma, um das noch einmal ganz deutlich zu sagen, hat wiederholt gegen geltendes Recht verstoßen. Auf eigene Faust, ohne sich einer Reisegruppe anzuschließen oder auch nur einen einheimischen Führer anzuheuern, erkundete sie das fremde Land. Frau Schneider, ohne den Vertrag gelesen zu haben, hat sofort unterschrieben. Er, statt ihm zu Hilfe zu kommen, sah tatenlos zu.

Infinitivgruppen in Verbindung mit einer entgegensetzenden
Konjunktion

98 Infinitivgruppen, die mit einer entgegensetzenden Konjunktion wie *aber* oder *jedoch* verbunden sind, werden mit Komma abgetrennt.

Das neue Gerät bringt mehr Leistung, aber ohne heißzulaufen. Das neue Gerät bringt mehr Leistung, ohne aber heißzulaufen.

99 Dass vor oder nach der Infinitivgruppe ein Komma stehen muss, kann auch am Begleitsatz liegen. Ein Komma kann beispielsweise nötig sein, weil mit ihm vor dem Infinitiv ein Nebensatz, Zusatz o. dgl. abgeschlossen wird:

Ich treffe mich mit Christa, die meine beste Freundin ist, um mit ihr ins Kino zu gehen. Ich treffe mich mit Christa, meiner besten Freundin, um mit ihr ins Kino zu gehen. Die Firma hat sich verpflichtet, und zwar in aller Form, die Bestimmungen einzuhalten.

Der Infinitiv mit *zu* kann auch Bestandteil eines Hauptsatzes sein, der von einem Nebensatz oder von einem anderen Hauptsatz abgetrennt werden muss:

Er beschloss[,] ins Kino zu gehen, weil ihm langweilig war. Er beschloss[,] ins Kino zu gehen, aber dann blieb er doch zu Hause. Ich bin bereit[,] einzuspringen, wenn es nötig wird. Wenn es nötig wird, bin ich bereit[,] einzuspringen. Sie hatte keinen Grund[,] zu glauben, dass sie übervorteilt würde. Die Opposition forderte die Regierung auf[,] klarzustellen, was sie in der Steuerfrage tun wolle.

Ebenso kann der Infinitiv mit *zu* Bestandteil eines Nebensatzes sein, der von einem Hauptsatz oder von einem anderen Nebensatz abgetrennt werden muss:

Bevor ich meinen Vater bitte[,] den Betrag zu überweisen, möchte ich seinen Brief abwarten. Als ich aufhörte[,] Hausarbeiten zu korrigieren, war es spät in der Nacht. Als ich aufhörte[,] Hausarbeiten zu korrigieren, was immer sehr viel Zeit in Anspruch nimmt, war es spät in der Nacht.

Infinitivgruppen, bei denen das Komma freigestellt ist

00 Infinitivgruppen können ohne Kommas im Satz stehen, wenn keiner der in 96-99 genannten Fälle vorliegt. Man kann jedoch ein Komma setzen bzw. sie in Kommas einschließen, um die Gliederung des Satzes deutlich zu machen oder um Missverständnisse auszuschließen.

Es gibt auch Fälle, in denen man kein Komma setzen kann (vgl. 106 ff.).

Sie fürchtet[,] zu verlieren. Er wagte nicht[,] anzurufen. Anzurufen[,] wagte er nicht. Sie ist entschlossen[,] nicht zu verreisen. Er war begierig[,] gelobt zu werden. Er hatte keine Zeit[,] sich zu rasieren. Die Firma hat sich verpflichtet[,] die Bestimmungen zukünftig einzuhalten. Wir bitten[,] diesen Auftrag schnell zu erledigen. Im Gras zu liegen und ein gutes Buch zu lesen[,] ist meine liebste Beschäftigung. Meine liebste Beschäftigung ist[,] im Gras zu liegen und ein gutes Buch zu lesen. Alles, was du tun musst, ist[,] deinen Namen an die Tafel zu schreiben. Sozialen Gesichtspunkten zu großes Gewicht zu geben[,] wäre in dieser Frage falsch.

Herr Prof. Gruber versucht[,] anhand von Knochenfunden das Aussehen dieses Sauriers zu rekonstruieren.

Das Komma

101 Beispiele mit *ohne zu, um zu, als zu, wie zu* und *[an]statt zu*:

Ohne zu zögern[,] ging er auf den Einbrecher zu. Er ging[,] ohne zu zögern[,] auf den Einbrecher zu. Jetzt hast du die Möglichkeit[,] mitzufahren[,] ohne einen Pfennig auszugeben. Sie ging in die Stadt[,] um einzukaufen. Das ist[,] um aus der Haut zu fahren. Ich habe mich bemüht[,] pünktlich zu sein[,] um einen guten Eindruck zu machen. Ich fahre nach Griechenland[,] um einen Tauchkurs zu besuchen, [um] mich mal richtig zu erholen und [um] Abstand von der Arbeit zu gewinnen. Etwas Schlimmeres[,] als seine Kinder zu enttäuschen[,] konnte ihm nicht passieren. Das ist immer noch besser[,] als zu Hause zu sitzen. Auf Alkohol zu verzichten[,] fiel ihm ebenso schwer[,] wie das Rauchen aufzugeben. Anstatt zu handeln[,] redete er nur.

Ein weiteres einleitendes Wort wie *auch, schon, außer, nicht* u. dgl. kann voranstehen:

Ich werde[,] auch ohne mich vorzubereiten[,] die Prüfung bestehen. Schon um Marion kennen zu lernen[,] musst du mitkommen. Ich bin nie in Spanien gewesen[,] außer um Waren einzukaufen. Nicht um dich zu ärgern[,] sage ich das.

102 Infinitivgruppen ohne verpflichtendes Komma kann man durch Komma abtrennen, um die Gliederung des Satzes deutlich zu machen oder um Missverständnisse auszuschließen.

In der Praxis kommt es nicht allzu häufig vor, dass ein Satz mehrdeutig ist, aber auch ein vorübergehendes Missverständnis macht dem Leser Mühe und sollte vermieden werden.

Ohne Komma wäre beispielsweise der folgende Satz missverständlich:

Wir empfehlen ihm nichts zu sagen.

Hier sollte man mit einem Komma klarmachen, welcher Sinn gemeint ist:

Wir empfehlen, ihm nichts zu sagen. *(Oder:)* Wir empfehlen ihm, nichts zu sagen.

Weitere Beispiele:

Er plant, nicht zu verreisen. *(Oder:)* Er plant nicht, zu verreisen.
Sabine versprach, ihrem Vater einen Brief zu schreiben, und verabschiedete sich. *(Oder:)* Sabine versprach ihrem Vater, einen Brief zu schreiben, und verabschiedete sich.
Ich bat ihn sofort, zu suchen. *(Oder:)* Ich bat, ihn sofort zu suchen. *(Oder:)* Ich bat ihn, sofort zu suchen.

103 Von missverständlichen Sätzen abgesehen ist der Umfang der Wortgruppe ein wichtiges Kriterium bei der Frage »Mit oder ohne Komma?«.

So wird man einen einfachen Infinitiv mit *zu* meist nicht abtrennen:

Er beschloss zu gehen.

Bei einem stark erweiterten Infinitiv dagegen ist das Komma sinnvoll:

Er beschloss, sofort mit allen seinen Freunden nach Hause zu gehen.

104 Ein anderes Kriterium ist, wie eng die Wortgruppe mit dem Begleitsatz verbunden ist.

Die Abgrenzung mit Kommas kann eine Hervorhebung bewirken:

Sein Retter sprang, ohne einen Augenblick zu zögern, ins eiskalte Wasser.

Sie kann aber auch die Wortgruppe als entbehrlichen Zusatz kennzeichnen:

Sein Retter sprang, ohne die Schuhe auszuziehen, ins eiskalte Wasser.

Macht man dagegen vor und nach der Wortgruppe keine Sprechpause, setzt man am besten keine Kommas:

Sie ging mal wieder ohne mich anzuschauen oder zu grüßen an meinem Tisch vorbei.

105 Wenn Sie sich für das Setzen der freigestellten Kommas entscheiden, dann achten Sie besonders auf eingeschobene Wortgruppen: Hier muss vor *und* nach der Wortgruppe ein Komma stehen!

Setzen Sie also entweder zwei Kommas oder gar keine:

Wir hoffen, Ihnen hiermit gedient zu haben, und grüßen Sie herzlich.
(*Oder:*) Wir hoffen Ihnen hiermit gedient zu haben und grüßen Sie herzlich.
(*Falsch:* Wir hoffen Ihnen hiermit gedient zu haben, und grüßen Sie herzlich.
Auch falsch: Wir hoffen, Ihnen hiermit gedient zu haben und grüßen Sie herzlich.)

Er glaubte, am Ziel zu sein, und hielt an. *(Oder:)* Er glaubte am Ziel zu sein und hielt an.
(*Falsch:* Er glaubte am Ziel zu sein, und hielt an. *Auch falsch:* Er glaubte, am Ziel zu sein und hielt an.)

Infinitivgruppen, die nicht durch Komma abgetrennt werden können

106 Es gibt Fälle, in denen die Infinitivgruppe nicht vom übergeordneten Satz abgetrennt werden kann. Der Grund kann in der Wortstellung liegen (107-109) oder der Infinitiv bildet zusammen mit einem Hilfsverb das Prädikat des übergeordneten Satzes (110-112).

107 Das Komma kann nicht gesetzt werden, wenn die Infinitivgruppe in die verbale Klammer des Begleitsatzes einbezogen ist. Das ist der Fall, wenn der Infinitiv zwischen den Bestandteilen eines mehrteiligen Prädikats steht.

Du musst *zu lügen* versuchen. (Verbale Klammer: musst – versuchen)
Wir wollen *diesen Vorgang zu erklären* versuchen. (Verbale Klammer: wollen – versuchen)
Er hat nicht *zu protestieren* gewagt. (Verbale Klammer: hat nicht – gewagt)
Er ist nicht einmal *sich selbst zu versorgen* imstande. (Verbale Klammer: ist – imstande)
Wir hatten *den Betrag zu überweisen* beschlossen. (Verbale Klammer: hatten – beschlossen)

108 Das Komma kann nicht gesetzt werden, wenn die Infinitivgruppe einen Hauptsatz umschließt. Zu dieser Wortstellung kommt es, wenn man ein Glied der Infinitivgruppe nach vorne zieht, um es hervorzuheben (so genannte Spitzenstellung).

Sätze dieser Art sind besonders in Geschäftsbriefen anzutreffen.

Normale Stellung (Hauptsatz und Infinitivgruppe getrennt):

Der Vorstand beschloss[,] *dieses Darlehen sofort aufzunehmen.*

     Hauptsatz   erweiterter Infinitiv mit *zu*

Bei Spitzenstellung kann das Komma nicht gesetzt werden:

Dieses Darlehen beschloss der Vorstand *sofort aufzunehmen.*

Die möglichen Formen der Spitzenstellung zeigt folgender Beispielsatz:

Den Betrag bitten wir [Sie] *auf unser Girokonto zu überweisen.*[5]
Zu überweisen bitten wir *den Betrag auf unser Girokonto.*
Auf unser Girokonto bitten wir *den Betrag zu überweisen*, weil ...

Weitere Beispiele:

Das Zimmer aber wagte er *nicht zu betreten. Aus ihrem Brief* glaubte ich *schließen zu dürfen*, dass ... Mit diesem Wagen* verlangte er *abgeholt zu werden. Eine Schätzung der Gesamtkosten* hoffen wir *Ihnen in Kürze vorlegen zu können. Auf Ihren Vorschlag* erlaube ich mir *demnächst zurückzukommen. Von Beileidsbesuchen* bitten wir *abzusehen.*

 In Sätzen dieser Art wird oft nach dem Hauptsatz ein falsches Komma gesetzt:

(*Richtig:*) Das Leergut bitten wir innerhalb 14 Tagen zurückzusenden.
(*Falsch:*) Das Leergut bitten wir, innerhalb 14 Tagen zurückzusenden.

Wer so schreibt, bittet nicht den Kunden, sondern das Leergut, denn er macht das Wort *Leergut* fälschlich zum Objekt des Hauptsatzes.

09 Das Komma kann nicht gesetzt werden, wenn die Infinitivgruppe mit dem Begleitsatz verschränkt ist. Dieser seltene Fall liegt vor, wenn die zum Infinitiv gehörenden Wörter auseinander gerissen sind und mit denen des Hauptsatzes vermischt stehen. Kommas würden hier den Zusammenhang stören.

Normale Stellung (Hauptsatz und Infinitivgruppe getrennt):

Wir wollen versuchen, *diesen Vorgang zu erklären.*

   Hauptsatz   Infinitiv mit *zu*

Diesen Vorgang zu erklären, wollen wir versuchen.

   Infinitiv mit *zu*   Hauptsatz

Verschränkung:

Diesen Vorgang wollen wir *zu erklären* versuchen.

---

[5] Die Einfügung eines »Sie« nach »bitten wir« ist stilistisch unschön und überflüssig, sie hat aber keinen Einfluss auf die Zeichensetzung.

Weitere Beispiele:

Er wagte *das Zimmer* nicht *zu betreten.*
Er hat *das Mädchen* gleich *anzusprechen* versucht.
Die Wahrheit wird er erst morgen *zu begreifen* beginnen.
Glücklicherweise wird er *die Wahrheit* erst morgen *zu begreifen* beginnen.

110 Das Komma kann nicht gesetzt werden, wenn die Infinitivgruppe vor einem Hilfsverb abhängt: Da Infinitiv und Hilfsverb zusammen das Prädikat des übergeordneten Satzes bilden, dürfen sie nicht auseinander gerissen werden.

Das betrifft vor allem die Verben *sein*, *haben*, *brauchen*, *pflegen* und *scheinen* sowie die Wendung *es gibt* ...

Beispiele mit *sein*:

Er war nicht aus der Fassung zu bringen. Dazu wäre Folgendes zu sagen. Heute ist mit ihm nicht zu reden. Dir ist nicht zu helfen. Damit ist nicht zu spaßen. Da ist nichts zu machen. Die Spur war deutlich zu sehen. Die Tropfen sind auf Zucker einzunehmen. Die Möhren sind zu putzen und klein zu schneiden. Alle Ausgaben sind ins Kontobuch einzutragen.

Beispiele mit *haben*:

Er hat zu lernen und zu arbeiten. Wir haben keine Zeit zu verlieren. Sie haben hier den Mund zu halten! Er hatte nichts dazu zu bemerken. Sie hat nichts zu lachen. Er hat nichts zu verlieren. Du hast zu gehorchen.

Beispiele mit *brauchen*, *pflegen*, *scheinen*, *es gibt*:

Du brauchst mir nicht zu antworten. Du brauchst nur zu klopfen und einzutreten. Das Buch braucht nicht gebunden zu werden. Er pflegt sonntags in die Kirche zu gehen. Sie pflegte zu segeln oder Tennis zu spielen. Sie scheint heute schlecht gelaunt zu sein. Das scheint nicht zu genügen. Er scheint verraten worden zu sein. Was gibt es zu essen? Hier gibt es tolle Preise zu gewinnen.

111 ... aber auch die Verben *drohen* in der Bedeutung »Gefahr laufen« und *versprechen* in der Bedeutung »den Anschein haben, erwarten lassen« ...

Der Bergsteiger drohte in die Gletscherspalte zu stürzen. Die Mauer drohte einzustürzen und die Arbeiter unter sich zu begraben.
(*Aber in der Bedeutung »eine Drohung aussprechen« mit freigestelltem Komma:*
Der Bankräuber drohte[,] die Geiseln zu erschießen.)

Nora drohte[,] meinen
Teddy kaputtzumachen.

Nora drohte zu ersticken.

Er verspricht ein tüchtiger Kaufmann zu werden. Das Bäumchen versprach zu wachsen und zu gedeihen.
(*Aber in der Bedeutung »ein Versprechen geben« mit freigestelltem Komma:* Er versprach[,] mir den Korb zu bringen.)

112 … sowie die Verben *vermögen*, *verstehen* und *wissen* (jeweils im Sinne von »können«) sowie *suchen* (im Sinne von »versuchen«). Wenn diese Verben allerdings eine Umstandsangabe bei sich haben, kann man den Infinitiv abtrennen.

Er vermochte kein Wort zu sagen. (*Aber:* Er vermochte kaum[,] ein Wort zu sagen.)
Er versteht einen Rehbraten zuzubereiten. (*Aber:* Er versteht ausgezeichnet[,] einen Rehbraten zuzubereiten.)
Er weiß sich zu beherrschen. (*Aber:* Er weiß sehr wohl[,] sich zu beherrschen.)
Sie suchten ihm zu schaden. (*Aber:* Sie suchten vergeblich[,] ihm zu schaden.)

Partizipgruppen und ähnliche Wortgruppen

113 Was sind Partizipgruppen?

Als Partizipgruppen (Mittelwortgruppen) bezeichnet man Partizipien (Mittelwörter; z. B. *lachend, rennend, entsprechend*; *verpackt, gefunden, zerstört*), die mit einer näheren Bestimmung verbunden sind (z. B. *herzlich lachend*; *aus vollem Halse lachend*; *warm verpackt*; *in warme Decken verpackt*).

Steht ein Partizip ohne nähere Bestimmung mit einer Partizipgruppe zusammen, behandelt man die gesamte Wortgruppe als Partizipgruppe (z. B. *herzlich lachend und winkend*).

Partizipien ohne nähere Bestimmung sind keine Partizipgruppen. Sie stehen in der Regel ohne Komma im Satz (vgl. aber 68):

Lachend kam sie auf mich zu. Gelangweilt sah er zum Fenster hinaus. Beleidigt ging er hinaus. Angebrochen hält sich die Konserve nur wenige Tage. Schreiend, pfeifend und johlend drängte die Menge auf das Spielfeld. Sich reckend trat er ans Fenster.

Eine Partizipgruppe liegt nicht vor, wenn ein Partizip (mit oder ohne nähere Bestimmung) seinem Bezugwort als Beifügung (Attribut) vorangestellt oder wenn es als Prädikatsnomen gebraucht ist. So verwendete Partizipien stehen ohne Komma im Satz:

ein lachendes Mädchen; ein aus vollem Halse lachendes Mädchen; der entflogene Vogel; der früh am Morgen entflogene Vogel; der trotz aller Vorsichtsmaßnahmen entflogene Vogel
Der Vogel ist früh am Morgen entflogen. Die Gläser sind in Holzwolle verpackt. Ausschlaggebend für unsere Entscheidung ist allein der Preis.

Wie die Partizipgruppen werden auch bestimmte Wortgruppen behandelt, die keine Verbform enthalten. Sie drücken bestimmte Verhaltensweisen oder Zustände des im Hauptsatz genannten Subjekts aus, man kann sie daher in Gedanken durch Partizipien wie *habend*, *seiend*, *werdend*, *geworden* ergänzen.

Wenn sie ein Adjektiv enthalten, nennt man sie Adjektivgruppen …

Seit mehreren Jahren kränklich [seiend] [,] hatte er sich in ein Sanatorium zurückgezogen.
Er zog[,] vom Alter blind [geworden] [,] bettelnd durch das Land.
Allmählich kühner [werdend] [,] begann er zu pfeifen.

… aber es gibt auch entsprechende Wortgruppen ohne Adjektiv.

Stets gerne zu Ihren Diensten [stehend] [,] verbleiben wir …
Den Rucksack auf dem Rücken [tragend] [,] standen die Schüler im Hof.

Partizipgruppen und ähnliche Wortgruppen, die durch Komma abgetrennt werden müssen

Die Wortgruppe ist mit einem hinweisenden Wort verbunden

114 Wird die Wortgruppe durch ein hinweisendes *so* angekündigt oder aufgenommen, wird sie mit Komma abgetrennt.

Meist folgt das hinweisende *so* auf die Wortgruppe. Dann wird diese durch ein einfaches Komma abgetrennt:

Aus vollem Halse lachend, *so* kam sie auf mich zu. Mit dem Rucksack bepackt, *so* standen wir vor dem Tor. Den Rucksack auf dem Rücken, *so* bepackt standen wir vor dem Tor.

Seltener geht das hinweisende *so* voraus. Dann schließt man die Wortgruppe in Kommas ein:

So, aus vollem Halse lachend, kam sie auf mich zu. *So*, mit dem Rucksack bepackt, standen wir vor dem Tor. *So* bepackt, den Rucksack auf dem Rücken, standen wir vor dem Tor.

Die Wortgruppe ist nachgetragen

115 Partizipgruppen und ähnliche Wortgruppen können so in einen Satz eingeschoben sein, dass sie seinen normalen Satzfluss unterbrechen, nämlich wenn sie ihrem Bezugswort direkt nachgestellt sind. Sie können aber auch aus der Satzkonstruktion herausfallen, weil sie am Satzende stehen. Diese nachgetragenen Wortgruppen grenzt man als Zusätze (vgl. 60) mit Komma ab bzw. schließt sie in Kommas ein, wenn der Begleitsatz weitergeht.

Beispiele für Partizipgruppen:

Meine Schwester, herzlich lachend, kam auf mich zu. Meine Schwester kam auf mich zu, herzlich lachend. Das Kind, ganz in Decken verpackt, saß auf der Terrasse. Das Kind saß auf der Terrasse, ganz in Decken verpackt. Er ging hinaus, tödlich beleidigt. Dieses Wandmalereien, entstanden um 1180, wurden erst kürzlich entdeckt. Diese Wandmalereien, entstanden um 1180 und erst kürzlich entdeckt, sind eine kunsthistorische Sensation. Meine Freundin Cornelia, genannt Nele, kommt mit. Keine Gruppe, die Lehrer eingeschlossen, ist damit zufrieden.

Beispiele für ähnliche Wortgruppen:

Frau Giebel, früher bei Müller & Klein tätig, leitet seit November bei uns den Vertrieb. Herr Köhler, mal wieder schlecht gelaunt, gab eine unfreundliche Antwort. Herr Köhler, um eine vorlaute Antwort selten verlegen, wusste diesmal nichts zu erwidern. Wir, nicht wenig erschrocken, rannten aus dem Zimmer. Der Vater, außer sich vor Freude, lief auf sie zu. Der Vater lief auf sie zu, außer sich vor Freude. Neben ihm saß seine Freundin, den Kopf im Nacken, und hörte der Unterhaltung zu. Die Schüler warteten vor dem Tor, den Rucksack auf dem Rücken.

Partizipgruppen und ähnliche Wortgruppen, bei denen das Komma freigestellt ist

116 Partizipgruppen und ähnliche Wortgruppen können ohne Kommas im Satz stehen, wenn keiner der im letzten Abschnitt genannten Fälle vorliegt. Man kann jedoch ein Komma setzen bzw. sie in Kommas einschließen, um die Gliederung des Satzes deutlich zu machen oder um Missverständnisse auszuschließen.

Beispiele für Partizipgruppen mit dem Partizip Präsens (erstes Partizip):

Herzlich lachend[,] kam sie auf mich zu. Sie kam[,] herzlich lachend[,] auf mich zu. Herzlich lachend und winkend[,] kam sie auf mich zu. Aus vollem Halse lachend[,] kam sie auf mich zu. Sie kam[,] aus vollem Halse lachend[,] auf mich zu. Eine Bemerkung des Ministers aufgreifend[,] meinte der Abgeordnete ... Sie zogen[,] Beschimpfungen grölend[,] durch die Straßen. Nachts sieht man hier viele Betrunkene, die [,] Beschimpfungen grölend[,] durch die Straßen ziehen.

Besonders häufig sind Wendungen mit *entsprechend* und *betreffend*:

Seinem Vorschlag entsprechend / Entsprechend seinem Vorschlag[,] ist das Haus verkauft worden. Das Haus ist[,] seinem Vorschlag entsprechend / entsprechend seinem Vorschlag[,] verkauft worden. Ihre Wohnung betreffend[,] möchte ich Ihnen folgenden Vorschlag machen. Ich möchte[,] Ihre Wohnung betreffend[,] folgenden Vorschlag machen.

In Briefen und Schriftstücken sollten Sie Wortgruppen mit dem Partizip Präsens vermeiden, denn sie wirken umständlich und steif.

(Also nicht:) Bezug nehmend auf Ihr Schreiben vom 3. 5. [,] möchten wir Sie daran erinnern ...
(Sondern:) Wir nehmen auf Ihr Schreiben vom 3. 5. Bezug und möchten Sie daran erinnern ...
(Also nicht:) Ihr Einverständnis voraussetzend[,] haben wir den Betrag überwiesen.
(Sondern:) Wir haben den Betrag überwiesen, da wir Ihr Einverständnis voraussetzen.

Beispiele für Partizipgruppen mit dem Partizip Perfekt (zweites Partizip):

Darauf aufmerksam gemacht[,] haben wir den Fehler beseitigt. Über diesen Zwischenfall sehr verärgert[,] blieb die Gastgeberin doch äußerlich gelassen. Eigentlich für Schüler gedacht[,] wird dieses Handbuch auch von Lehrern gern verwendet. Von diesem Standpunkt aus betrachtet[,] sieht die Situation schon anders aus. Auf die Zahl der Mitglieder bezogen[,] ist das nur ein kleiner Anteil. Anders als ursprünglich geplant[,] kommt das Produkt erst im Herbst auf den Markt. Gemessen an seinen früheren Leistungen[,] war diese Kür eine Enttäuschung. Einmal angebrochen[,] hält sich die Konserve nur wenige Tage. Das sind[,] grob gerechnet[,] 20 % der Einnahmen. Das Gerät ist[,] gut gereinigt und gefettet[,] aufzubewahren. Das Kind saß[,] ganz in Decken verpackt[,] auf der Terrasse. Die Schüler[,] gefolgt von ihren Eltern[,] kamen herein.

Zu Tode getroffen[,] fiel er zu Boden.

Beispiele für ähnliche Wortgruppen:

Noch im Schlafanzug[,] machte er das Frühstück. Den Kopf im Nacken[,] saß seine Freundin neben ihm. Seine Freundin saß[,] den Kopf im Nacken[,] neben ihm. Wie immer kurz entschlossen[,] reiste er ab. Er lief[,] außer sich vor Freude[,] auf sie zu und umarmte sie. Tödlich beleidigt[,] ging er hinaus. Er ging[,] tödlich beleidigt[,] hinaus. Etwa 10 km von hier entfernt[,] gibt es einen guten Gasthof. Vielseitig interessiert und hochbegabt[,] war sie schon als junges Mädchen für diese Laufbahn prädestiniert.

Formelhafte Partizipgruppen stehen in der Regel ohne Kommas im Satz:

Er hat *genau genommen / genau betrachtet / streng genommen / im Grunde genommen* ganz recht. *So gesehen* hat er richtig gehandelt. Ich habe *wie gesagt / offen gesagt* keine Zeit dafür. *Davon abgesehen / Abgesehen davon* waren wir mit dem Hotel zufrieden.

Partizipgruppen, die in einem Satz das Subjekt (den Satzgegenstand) bilden, kommen vor allem in sprichwörtlichen Wendungen vor und werden im Allgemeinen ohne Komma geschrieben:

Doppelt genäht hält besser. Allen Menschen recht getan ist eine Kunst, die niemand kann. Gut gekaut ist halb verdaut. Schlecht gefahren ist besser als gut gelaufen (*auch in der Form:* Besser schlecht gefahren als gut gelaufen). Dreimal umgezogen ist [so gut wie] einmal abgebrannt.

117 Partizipgruppen und ähnliche Wortgruppen kann man durch Komma abtrennen, um die Gliederung des Satzes deutlich zu machen oder um Missverständnisse auszuschließen.

In der Praxis kommt es nicht allzu häufig vor, dass ein Satz mehrdeutig ist, aber auch ein vorübergehendes Missverständnis macht dem Leser Mühe und sollte vermieden werden.

Ohne Kommas sind beispielsweise die folgenden Sätze missverständlich oder schwer lesbar:

Er ging gestern von allen wütend beschimpft zur Polizei.
Er drehte sich schneuzend den Kopf zur Seite.

Hier sollte man mit einem Komma klarmachen, welcher Sinn gemeint ist:

Er ging gestern, von allen wütend beschimpft, zur Polizei. (*Oder:*) Er ging, gestern von allen wütend beschimpft, zur Polizei.
Er drehte, sich schneuzend, den Kopf zur Seite.

118 Von missverständlichen Sätzen abgesehen ist der Umfang der Wortgruppe ein wichtiges Kriterium bei der Frage »Mit oder ohne Komma?«.

So wird man ein Partizip mit nur einer näheren Bestimmung meist nicht abtrennen:

Herzlich lachend kam sie auf mich zu.

Bei einer größeren Wortgruppe dagegen ist das Komma sinnvoll:

Herzlich lachend und schon von weitem winkend, kam sie auf mich zu.

119 Wenn Sie Kommas setzen möchten, dann achten Sie besonders auf eingeschobene Wortgruppen: Hier muss vor *und* nach der Wortgruppe ein Komma stehen!

Setzen Sie also entweder zwei Kommas oder gar keine:

Das Haus ist, seinem Vorschlag entsprechend, verkauft worden. *(Oder:)* Das Haus ist seinem Vorschlag entsprechend verkauft worden.
(*Falsch:* Das Haus ist seinem Vorschlag entsprechend, verkauft worden. *Auch falsch:* Das Haus ist, seinem Vorschlag entsprechend verkauft worden.)

Sie suchte, den etwas ungenauen Stadtplan in der Hand, ein Straßenschild.
(*Oder:*) Sie suchte den etwas ungenauen Stadtplan in der Hand ein Straßenschild.
(*Falsch:* Sie suchte den etwas ungenauen Stadtplan in der Hand, ein Straßenschild. *Auch falsch:* Sie suchte, den etwas ungenauen Stadtplan in der Hand ein Straßenschild.)

Das Komma zwischen Sätzen

Das Komma bei der wörtlichen Wiedergabe: 270 ff., 284, 287

Zusammengezogene Hauptsätze (z. B. *Klaus fliegt nach Spanien und Ulrike nach Mallorca*): 45

Ein Nebensatz als Bestandteil einer Aufzählung (z. B. *Wenn es kalt ist oder bei Regen ziehe ich den Mantel an*): 46

Das Komma zwischen gleichrangigen Teilsätzen

0 Gleichrangige Teilsätze grenzt man mit Komma voneinander ab.

Hauptsätze sind untereinander immer gleichrangig. Nebensätze sind gleichrangig, wenn sie vom gleichen übergeordneten Satz abhängen.

Ob Nebensätze gleichrangig sind, können Sie auch herausfinden, indem Sie probeweise erst den einen, dann den anderen Nebensatz weglassen. Ist das möglich, ohne dass der Satz unvollständig wird, sind die Nebensätze gleichrangig:

Wenn das wahr ist, wenn du ihn wirklich nicht gesehen hast, brauchst du dir keine Vorwürfe zu machen. *(Die Nebensätze sind gleichrangig, da man sie einzeln weglassen kann.)*
Die Genehmigung ist zu versagen, wenn die Gefahr besteht, dass sie missbraucht wird. *(Die Nebensätze sind nicht gleichrangig, weil man nicht sagen kann:* Die Genehmigung ist zu versagen, dass sie missbraucht wird.)

121 Das Komma steht also zwischen Hauptsätzen:

Im Hausflur war es still, ich drückte erwartungsvoll auf die Klingel. Die Musik wird leiser, der Vorhang hebt sich, das Spiel beginnt. Er dachte angestrengt nach, aber ihr Name fiel ihm nicht ein. Ich wollte ihm helfen, doch er ließ es nicht zu. Ich wollte ihm helfen, er ließ es jedoch nicht zu. Schreib den Brief sofort, beeil dich! Das ist ja großartig, was für ein Glück! Ist das nicht großartig, ist das nicht ein Glück? *(Auch die Wendung »das heißt« ist ein kurzer Hauptsatz, vgl. 62:)* Wir werden den Vorfall nicht weitermelden, d.h., wir haben kein Interesse an einer Strafanzeige.

122 Eingeschobene Hauptsätze (Schaltsätze) werden in Kommas eingeschlossen. (Statt der Kommas können, je nach Betonung des eingeschobenen Satzes, auch Gedankenstriche (233) oder Klammern (24?) stehen.)

Eines Tages, es war mitten im Winter, stand ein Reh im Garten. Ich ging in den Garten, es war mitten im Winter, und sah mich um. Ich ging in den Garten, es war mitten im Winter, und da stand ein Reh. Er verachtete, zu seiner Ehre sei es gesagt, jede Ausrede. Sie hat, das weiß ich, lange für diese Reise gespart. Diese Kinder, hat sie herausgefunden, lernen nicht so schnell sprechen wie andere. Hochmut, so heißt es, kommt vor dem Fall. Das entspricht einem Umsatz von, sagen wir einmal, 5 Millionen. An dieser Schule, erzählt man sich, wird viel gestohlen. Dieses Museum, und das ist kaum bekannt, hat eine wertvolle Fossiliensammlung. Deshalb müssen wir, so [schreibt] der Autor weiter, mehr Geld ausgeben.

 Formelhaft gebrauchte Schaltsätze werden aber oft ohne Komma geschrieben:

Ich habe ihn[,] wer weiß wie lange[,] nicht mehr gesehen. Er bereitet sich [,] so gut es geht[,] auf die Prüfung vor. Ich bin[,] weiß Gott[,] nicht kleinlich. Er blieb[,] Gott sei Dank[,] unverletzt. *(Aber nur ohne Komma, weil* was *Objekt ist:)* Ich hätte Gott weiß was dafür gegeben.

123 Das Komma steht auch zwischen gleichrangigen Nebensätzen, die beispielsweise bei der indirekten Rede häufig vorkommen:

Er sagte immer wieder, er wisse von nichts, er sei es nicht gewesen. Wenn das wahr ist, wenn du ihn wirklich nicht gesehen hast, brauchst du dir keine Vorwürfe zu machen. Er erkundigte sich, was es Neues gebe, ob Post gekommen sei. Dass sie ihn nicht nur übersah, sondern dass sie auch noch mit anderen flirtete, kränkte ihn sehr.

Eine längere Aufzählung von gleichrangigen Nebensätzen kann man zur besseren Übersicht zeilenweise absetzen:

Ein Zuschuss zu den Kosten kann gewährt werden,
   wenn der Lehrgangsteilnehmer einen Verdienstausfall nachweist,
   wenn der Lehrgangsteilnehmer seine Mahlzeiten nicht zu Hause einnehmen kann,
   wenn der Lehrgangsteilnehmer noch in der Berufsausbildung steht.

124 Sind die gleichrangigen Teilsätze durch *und, oder, beziehungsweise (bzw.), entweder – oder, weder – noch, nicht – noch, sowohl – als [auch]/wie [auch]* verbunden, setzt man kein Komma (vgl. aber 125 und 126). Zwischen Nebensätzen kommen gelegentlich auch *wie* und *sowie* im Sinne von *und* vor.

Für aufgezählte gleichrangige Teilsätze gelten also die gleichen Grundregeln wie für Satzteile in Aufzählungen (vgl. 39 f.). Es ist demnach gleichgültig, ob nach *und* usw. ein vollständiger Hauptsatz folgt oder nicht:

Herr Meier kümmert sich um die Abrechnung und die Anlieferung.
Herr Meier kümmert sich um die Abrechnung und überwacht die Anlieferung.
Herr Meier kümmert sich um die Abrechnung und er überwacht die Anlieferung.

Beispiele für Hauptsätze:

Die Musik wird leiser und der Vorhang hebt sich und das Spiel beginnt. Ich habe sie oft besucht und wir saßen bis spät in die Nacht zusammen. Klaus versuchte uns zu helfen und das wollen wir ihm hoch anrechnen. Das ist ungerecht und außerdem geht dich die Sache nichts an. Schreib den Brief sofort und bring ihn zur Post! Überzeugen Sie sich von unserem Angebot und bestellen Sie noch heute! Marie hilft Julia im Garten oder sie ist im Stall. Willst du mitkommen oder hast du etwas anderes vor? Ich leihe dir das Buch beziehungsweise du kannst es behalten. Du bist jetzt entweder lieb oder du gehst nach Hause. Wir haben weder / nicht genug Geld für eine zusätzliche Testreihe noch können wir uns eine weitere Verzögerung erlauben.

Weder hatte Klaus aufgeräumt noch hatte Johanna die Blumen gegossen.

Hierher gehören auch formelhafte Aufforderungssätze, an die die eigentliche Aufforderung mit *und* angeschlossen ist:

Sei so gut und gib mir das Buch. Seien Sie bitte so freundlich und schließen Sie die Tür. Seid vernünftig und geht nach Hause!

Beispiele für Nebensätze:

Sie wisse Bescheid und der Vorgang sei ihr völlig klar, sagte sie. Wollen Sie mit Menschen arbeiten und können Sie gut organisieren, dann sind Sie bei uns richtig. Entweder habe sich das Kind verlaufen oder man müsse mit Schlimmerem rechnen, erklärte der Polizist den Eltern. Claudia kann nur mitkommen, wenn sie eingeladen wird oder [wenn] Hartmanns ihr wenigstens die Reise bezahlen. Er erkundigte sich, was es Neues gebe und ob Post gekommen sei. Sie fragte mich, ob ich mitfahren wolle und wann sie mich abholen könne. Alle wollten wissen, wie es gewesen sei und warum es so lange gedauert habe. Ich hoffe, dass es dir gefällt und [dass] du zufrieden bist. Wir erwarten, dass er die Ware liefert oder [dass er] das Geld zurückzahlt. Er hat geschrieben, dass er bald heiraten will bzw. dass er verlobt ist. Diese Bestimmung gilt, wenn Kleingärten neu angelegt sowie wenn vorhandene Kleingärten erweitert werden.

(*Aber wenn Nebensätze nicht vom gleichen übergeordneten Satz abhängen:* Ich war bei Verwandten zu Besuch, die in München wohnen, und weil es spät wurde, habe ich dort übernachtet.)

25 Heißt das nun, dass vor *und* usw. nie ein Komma stehen muss? Ganz so einfach ist es leider nicht. Ein Komma vor *und* usw. kann nämlich nötig sein, weil mit ihm ein Nebensatz, Zusatz o. dgl. abgeschlossen wird (vgl. 180, 1-3):

Er sagte, dass er morgen komme, und seine Frau wünschte mir Glück. Er sagte: »Ich komme morgen«, und seine Frau wünschte mir Glück. Gestern war ich bei Frau Schneider, meiner alten Lehrerin, und wir haben zusammen Fotos angesehen. Willst du die rote Tasche, die du in London dabei hattest, oder brauchst du einen Koffer?

26 Sind die gleichrangigen Teilsätze durch *und* usw. verbunden, kann man ein Komma setzen, um die Gliederung des gesamten Satzes deutlich zu machen.

Von dieser Regel sollte man Gebrauch machen, wenn ein Satz sonst schwer lesbar ist. Das betrifft vor allem die folgenden Fälle:

• Das Komma sollte gesetzt werden, wenn es beim Lesen zu vorübergehenden Missverständnissen kommen kann:

Er traf sich mit meiner Schwester[,] und deren Freundin war auch mitgekommen. Wir warten auf euch[,] oder die Kinder gehen schon voraus. Ich fotografierte die Berge[,] und meine Frau lag in der Sonne. Er schimpfte auf die Regierung[,] und sein Publikum, das auf seiner Seite war, applaudierte. Das Thema meiner Arbeit ist der ökologische Gemüseanbau[,] und die Anzucht von Zierpflanzen brauche ich nicht zu behandeln.

• Das Komma sollte gesetzt werden, wenn einer der gleichrangigen Sätze weiter ausgebaut ist:

Wir stiegen in den Bus[,] und die Kinder weinten, weil sie gern noch geblieben wären. Weil sie gern noch geblieben wären, weinten die Kinder[,] und wir mussten sie trösten. Es waren schlechte Zeiten[,] und um zu überleben[,] nahm man es mit vielen Dingen nicht so genau. Ich habe sie oft besucht[,] und wir saßen bis spät in die Nacht zusammen, wenn sie in guter Stimmung war. Es war nicht selten, dass er sie besuchte[,] und dass sie bis spät in die Nacht zusammensaßen, wenn sie in guter Stimmung war:

Das Komma grenzt den Nebensatz ab

127 Nebensätze grenzt man mit Komma ab. Sind sie eingeschoben, s
schließt man sie in Kommas ein.

Diese Regel deckt die Fälle ab, in denen nicht gleichrangige Sätze aufeinander
treffen: Das Zusammentreffen von Haupt- und Nebensatz sowie das Zusamme
treffen nicht gleichrangiger Nebensätze.

Nebensätze können am Anfang des Satzes stehen:

Was ich anfangen soll, weiß ich nicht. Als wir nach Hause kamen, war es schon
spät. Dass es dir wieder besser geht, freut mich sehr. Obwohl schlechtes Wetter
war, suchten wir die Ostereier im Garten. Ist dir der Weg zu weit, kannst du mit
dem Bus fahren. Er komme morgen, sagte er. Als er sich niederbeugte, weil er
ihre Tasche aufheben wollte, stießen sie mit den Köpfen zusammen.

Nebensätze können am Ende des Satzes stehen:

Ich weiß nicht, was ich anfangen soll. Sie beobachtete die Kinder, die auf der
Wiese ihre Drachen steigen ließen. Gestern traf ich eine Freundin, von der ich
lange nichts mehr gehört hatte. Das Kind weinte, weil es seinen Schlüssel verloren hatte. Ich hätte nie gedacht, dass du mich so enttäuschen würdest. Seine
Tochter war ebenso rothaarig, wie er es als Kind gewesen war. Sie sagte, sie kom
me morgen. Er war zu klug, als dass er in die Falle gegangen wäre, die man ihm
gestellt hatte. Die Genehmigung ist zu versagen, wenn die Gefahr besteht, dass
sie missbraucht wird. Das Projekt war ein Misserfolg, sei es, weil die Zeit knapp
war, oder, weil nicht sorgfältig geplant wurde.

Nebensätze können eingeschoben sein:

Das Buch, das ich dir mitgebracht habe, liegt auf dem Tisch. Seine Annahme,
dass Peter käme, erfüllte sich nicht. Sie konnte, wenn sie wollte, äußerst liebens
würdig sein. Die Frage ist, ob das, was ich tue, richtig ist. Sie begriff, dass, was f
sie gut war, nicht unbedingt für ihren Vater gut sein musste. Er sagte aus, dass e
nicht gewusst habe, was vor sich ging, dass er unschuldig sei.

 Ein Nebensatz muss auch in Kommas eingeschlossen werden, we
der übergeordnete Satz danach mit einer Konjunktion wie *und* w
tergeführt wird:

Er sagte, dass er morgen komme, und verabschiedete sich. Er sagte, er komme
morgen, und verabschiedete sich. Ich nehme ein Taxi, wenn es spät wird, oder
übernachte dort. Ich nehme ein Taxi, wenn es spät wird, oder ich übernachte
dort. Weil er keine Kinder hatte, die ihn hätten beerben können, und weil er mi
seinen Verwandten verfeindet war, stiftete er sein Vermögen der Universität.
Die Genehmigung ist zu versagen, wenn die Gefahr besteht, dass sie missbrau
wird, oder wenn der Bewerber einschlägig vorbestraft ist.

128 Das Komma ist aber freigestellt, wenn eine Konjunktion wie *und* oder *oder* ein Satzgefüge anschließt, in dem der Nebensatz voransteht (vgl. 133):

Ich habe sie oft besucht[,] und wenn sie in guter Stimmung war, saßen wir bis spät in die Nacht zusammen. Ich war bei Verwandten zu Besuch[,] und weil es spät wurde, habe ich dort übernachtet. *(Mit Auslassungen im Hauptsatz:)* Wenn dies geschieht, kommt § 114[,] und wenn das andere geschieht, § 116 zur Anwendung.

Auslassungssätze

129 Auslassungssätze werden bei der Kommasetzung in der Regel wie vollständige Sätze behandelt (vgl. aber 130).

Ein Blick in ihre Augen [genügte] und es war um ihn geschehen. Wir müssen, so [schreibt] der Autor weiter, mehr Geld für Entwicklungshilfe ausgeben. Ich weiß nicht, was [ich] anfangen [soll]. Dieses Modell wurde, weil [es] veraltet [ist], ausrangiert.

Weitere Beispiele:

Kann sein, dass er noch kommt. Und wie, wenn er nicht kommt? Heute rot, morgen tot. Wie du mir, so ich dir. Ehre verloren, alles verloren. Aber wenn, dann jetzt. Wie gestern telefonisch besprochen, hier das Sitzungsprotokoll. Jetzt grüne Taste drücken, bis Anzeige aufleuchtet. Der junge Mann, obwohl angetrunken, benahm sich tadellos. Hand aufs Herz, hast du gelogen? Halb so schlimm, das kriegen wir hin. Toll, was du alles kannst. Erstaunlich, wie schnell sie laufen gelernt hat. Schwer zu sagen, wie das funktioniert. Kaum zu glauben, dass er unverletzt ist. Gut, dass du Zeit hast.

Einige Auslassungssätze können auch als Ausdrücke einer Stellungnahme (vgl. 59) aufgefasst werden, was aber für die Kommasetzung keinen Unterschied macht:

Hauptsache, du kommst pünktlich. Übrigens, meine Schwester zieht um. Kurz, es war ein herrlicher Tag. Unmöglich, das glaube ich nicht!

Auslassungssätze hängen oft von einem vorangehenden Satz ab:

Manchmal hat er Glück. *Wie vor einer Woche,* als er Sabine kennenlernte.
Wir essen pünktlich um acht. *Auch ohne dich,* merk dir das.
Schuld an dem Unfall war eine Ölpfütze. Ich dachte, *überhöhte Geschwindigkeit.*
Wann wird der Rohbau fertig sein? Der Architekt sagt, *Mitte Juni.*

Ist ein Fragesatz zu einem einzelnen Fragewort verkürzt, kann dieses auch ohne Komma angeschlossen werden:

Wenn ich nur wüßte[,] wo! Ich weiß nicht[,] warum, aber er hat abgesagt. Wohin[,] ist mir egal.

130 Formelhafte Auslassungssätze brauchen nicht mit Komma abgetrennt zu werden.

Das betrifft vor allem unvollständige Nebensätze, die mit *wie* (vgl. 33 und 185, 9) oder *wenn* (vgl. 183, 3) eingeleitet sind:

Wie bereits gesagt verhält sich die Sache anders. Wir möchten uns dazu *wie folgt* äußern. Die Sitzung findet *wie angekündigt* morgen statt. Er hat uns *wie vereinbart* Kopien geschickt. Ich möchte *wenn möglich* schon morgen abreisen. Geben Sie *wenn nötig / falls erforderlich* noch Wasser dazu.

Eine Wortgruppe am Beginn des Nebensatzes

131 Besteht die Einleitung eines Nebensatzes aus einem Einleitewort (z. B. *dass, weil*) und weiteren Wörtern (z. B. *als, auch*), dann wird diese Wortgruppe nicht durch Komma geteilt (z. B. *als dass, auch weil*).

Häufig beginnt so eine Wortgruppe mit *als, auch, außer, egal, erst, besonders, gerade, gleich, nämlich, nicht, nur, schon, sondern, vor allem, zumal.*

Erst als es Abend wurde, kehrten wir zurück. Unsere Straße ist sehr laut, *zumal wenn* morgens und abends der Berufsverkehr hier durchkommt. *Jedesmal wenn* er kommt, gibt es Streit. *Gerade weil* es so gut schmeckt, möchte ich jetzt aufhören. Er rannte, *als ob* es um sein Leben ginge, über die Straße. Ich komme mit, *egal wohin* du fährst. Ihr dürft hier baden, *außer natürlich wo* Verbotsschilder stehen. Ein Passant hatte bereits Risse in den Pfeilern der Brücke bemerkt, *zwei Tage bevor* sie zusammenbrach. Man tut das nicht, *ganz einfach weil* es verboten ist. Nimm dir eine, *nicht dass* du denkst, ich gönne dir nichts. Ich ziehe nach München, *nicht weil* ich Heimweh habe, *sondern weil* Gabi Hilfe braucht. *Nicht was* du anziehst ist entscheidend, *sondern dass* du freundlich und offen bist. Dazu kam es, *erstens weil* das Geld ausging und *zweitens weil* die Zeit zu knapp war.

132 In einigen Fällen kann man zusätzlich ein Komma zwischen den Bestandteilen der Wortgruppe setzen, d. h. vor der eigentlichen Konjunktion.

Sie können dieses zusätzliche Komma setzen, wenn der erste Bestandteil der Wortgruppe (z. B. *vorausgesetzt*) betont ist und Sie vor der eigentlichen Konjunktion (z. B. *dass*) eine Sprechpause machen. Sie können die Wortgruppen aber auch generell ohne ein trennendes Komma schreiben: So können Sie nichts falsch machen. Das zusätzliche Komma kann nämlich in vielen Fällen nicht gesetzt werden, weil die Wortgruppe eine Einheit bildet (z. B. *als dass, als ob, anstatt dass, aber wenn, wie wenn*).

Morgen wird es regnen, vorausgesetzt[,] dass der Wetterbericht stimmt. Wir fahren morgen, ausgenommen[,] wenn es regnet. Ich glaube nicht, dass er anruft, geschweige denn[,] dass er vorbeikommt. Ich werde ihnen gegenüber abweisen oder entgegenkommend sein, je nachdem[,] ob sie hartnäckig oder sachlich sind. Ich mag sie gern, vor allem[,] weil sie so fröhlich ist. Dafür[,] dass er nie in Frankreich war, spricht er recht gut Französisch. Ich sehe sie oft auf der Straße, zum Beispiel[,] wenn sie einkaufen geht.

Abgesehen davon[,] dass er viel Auslauf braucht, ist der Windhund ein pflegeleichtes Haustier.

Hier eine Übersicht häufig gebrauchter Fügungen, in denen man das zusätzliche Komma setzen kann:

abgesehen davon / davon abgesehen[,] dass
angenommen[,] dass
ausgenommen[,] dass / wenn
beispielsweise[,] dass / weil / wenn
besonders[,] dass / weil / wenn
dadurch / dafür / damit / daran / daraus / darüber / davon[,] dass
es sei denn[,] dass
für den Fall[,] dass
gesetzt den Fall[,] dass
geschweige (denn)[,] dass
im Fall(e)[,] dass
in der Annahme / Erwartung / Hoffnung[,] dass
insofern / insoweit[,] als
je nachdem[,] ob / wie
namentlich[,] dass / weil / wenn
nämlich[,] dass / weil / wenn
umso eher / mehr / weniger[,] als
und zwar[,] dass / weil / wenn
ungeachtet (dessen)[,] dass
unter der Bedingung[,] dass
vor allem[,] dass / wenn / weil
vorausgesetzt[,] dass
zum Beispiel[,] dass / weil / wenn

Einige der vorangestellten Wörter oder Wortgruppen können auch ohne eine Konjunktion einen Nebensatz einleiten. Auch dann kann nach ihnen ein Komma gesetzt werden:

Angenommen[,] morgen ist gutes Wetter, wohin wollen wir fahren? Wir kommen gern, es sei denn[,] wir haben selbst Besuch. Die Strecke lässt sich gut fahren, vorausgesetzt[,] der Wagen hat Winterreifen.

133 Einer anderen Regel unterliegen Sätze wie die folgenden:

Er ist noch klein, aber weil er gut schwimmen kann, haben wir ihn mitgenommen.
Wahrscheinlich ziehe ich bald um, denn wenn Silke den Job bekommt, gehe ich mit nach München.
Ich war bei Verwandten zu Besuch[,] und weil es spät wurde, habe ich dort übernachtet.

Die beiordnenden Konjunktionen *aber, denn, und* leiten in diesen Beispielsätzen nicht den Nebensatz ein, sondern sie schließen ein Satzgefüge an, das mit einem vorangestellten Nebensatz beginnt (vgl. 128).

134 Gelegentlich haben Sie die Wahl, ob Sie ein Wort oder eine Wortgruppe der Nebensatzeinleitung zurechnen wollen oder nicht. Bei gleicher Wortstellung ergibt sich dann ein etwas verschiedener Sinn. In diesen Fällen setzen Sie das Komma einfach da, wo Sie die Sprechpause machen.

Ich freue mich, *auch wenn* du mir nur eine Karte schreibst. *(Aber:)* Ich freue mich auch, wenn du mir nur eine Karte schreibst.

Die Rehe bemerkten ihn, *gleich als* er sein Versteck verließ. *(Aber:)* Die Rehe bemerkten ihn gleich, als er sein Versteck verließ.

Die Sonne blendete ihn, *so dass* (auch: *sodass*) er nichts mehr sehen konnte. *(Aber:)* Die Sonne blendete ihn so, dass er nichts mehr sehen konnte.

Sie sorgt sich um ihn, *vor allem[,] wenn* er nachts unterwegs ist. *(Aber:)* Sie sorgt sich um ihn vor allem, wenn er nachts unterwegs ist.

Ich komme, *unter der Bedingung[,] dass* ich um acht wieder zu Hause bin. *(Aber:)* Ich komme unter der Bedingung, dass ich um acht wieder zu Hause bin.

Tabellarisch: Konjunktionen & Co

Was sind Konjunktionen?

135 Satzteile und Sätze können unverbunden (asyndetisch) nebeneinander stehen:

Ich brauche Bananen, Orangen, Zitronen. Friede ernährt, Unfriede verzehrt. Er glaubte, wir seien verreist.

Sätze können auch durch verschiedene Pronomen, Fragewörter u. dgl. verbunden sein. In diesen Fällen macht die Kommasetzung meist keine Probleme:

Eine Mutter, die ihr Kind auf dem Arm trug, stand am Fenster. Das ist die Stelle, wo der Unfall geschah. Alles, was er sagt, ist falsch.

Schließlich lassen sich Satzteile und Sätze durch Konjunktionen[6] (Bindewörter) und ähnliche »Kommawörter« verbinden, eine sehr große und vielfältige Gruppe. Dann hängt die Kommasetzung von der jeweiligen Konjunktion und von ihrer Verwendung im Satz ab, sodass sich kaum allgemein gültige Regeln angeben lassen.

Verbindet eine Konjunktion Sätze, dann ist sie entweder nebenordnend (beiordnend; Satzreihe) oder unterordnend (Satzgefüge). Gewöhnlich steht die Konjunktion am Anfang ihres Satzes. Aber auch eine nachgestellte Konjunktion zeigt in der Regel an, dass der betreffende Satz durch Komma abzutrennen ist:

Karin ist blond, aber ihre Schwester ist dunkelhaarig. Karin ist blond, ihre Schwester aber ist dunkelhaarig.

136 Die folgende Tabelle bringt zu allen häufiger gebrauchten Konjunktionen und anderen »Kommawörtern« vergleichbare Beispielsätze. Die linke Spalte ist nach Möglichkeit den Fällen vorbehalten, in denen vor dem jeweiligen Stichwort ein Komma steht oder in denen das Stichwort ein nachfolgendes Komma verlangt. In der rechten Spalte stehen Beispiele, die das Stichwort ohne Komma im Ablauf eines Satzes zeigen oder bei denen es Teil einer Fügung ist (vgl. 131).

---

[6] Als Konjunktionen werden hier der Einfachheit halber auch die einem Satz oder Satzteil vorangestellten Adverbien (z. B. *teils – teils*) bezeichnet.

Für Spezialisten: Nebenordnende Konjunktion oder Adverb?

137 Die Zahl der echten nebenordnenden Konjunktionen zwischen Sätzen ist klein. Es sind nur die Wörter *aber, allein, denn, oder, sondern, und.* Dazu kommen *doch, jedoch* und *nur,* die sowohl als Adverbien wie als Konjunktionen eingesetzt werden können.

Überwiegend Adverbien sind bei den so genannten mehrgliedrigen Konjunktionen (*entweder – oder, bald – bald, einerseits – andererseits* u. Ä.) beteiligt. Was aber ist der Unterschied?

Für die Kommasetzung in der Satzreihe spielt es keine Rolle, welcher Wortart die verbindenden Wörter angehören. Wenn in diesem Buch allgemein von Konjunktionen gesprochen wird, sind deshalb die einem Satz oder Satzteil vorangestellten Averbien mit gemeint. Die Bestimmung der Wortart ist aber oft notwendig, wenn man die Zeichensetzung begründen will. Darum werden in der folgenden Tabelle bei jedem Stichwort die entsprechenden Angaben gemacht.

138 Konjunktionen im grammatischen Sinn sind keine Satzglieder, sie haben nur verbindende Funktion. Tritt also eine nebenordnende Konjunktion an den Anfang eines Satzes, so ändert sich die Stellung der Satzglieder nicht:

Klaus liest ein Buch. Frank malt ein Bild. – Klaus liest ein Buch und Frank malt ein Bild.
Peter studiert Medizin. Er will Arzt werden. – Peter studiert Medizin, denn er will Arzt werden.

Anders ist es bei den Adverbien. Da das Adverb immer Satzglied ist (Umstandsangabe), ändert sich in diesen Fällen die Wortstellung: Subjekt und Prädikat des zweiten Satzes tauschen ihre Plätze (so genannte Inversion).

Peter will Arzt werden. Er studiert deshalb Medizin. – Peter will Arzt werden, deshalb studiert er Medizin.

1. Die entgegensetzende Konjunktion »aber« schließt einen beigeordneten (häufig verkürzten) Satz an, der durch Komma abgetrennt wird:

Es wurde dunkel, *aber* wir machten kein Licht.

Er schimpft zwar, *aber* er tut seine Arbeit.

Karin ist blond, *aber* ihre Schwester dunkelhaarig.

Ilona ist gut im Schwimmen, *aber* im Turnen nicht.

1. Die entgegensetzende Konjunktion »aber« ist in den Ablauf des beigeordneten Satzes einbezogen:

Er schimpft zwar, tut *aber* seine Arbeit.

Karin ist blond, ihre Schwester *aber* dunkelhaarig.

Ilona ist gut im Schimmen, im Turnen *aber* nicht.

2. Die Konjunktion »aber« schließt beiordnend ein Satzgefüge an, das mit einem Nebensatz oder mit einer Infinitivgruppe beginnt (vgl. 133). Das Komma steht vor »aber«:

Er ist noch klein, *aber* weil er gut schwimmen kann, haben wir ihn mitgenommen.

Ich hätte ihm den Vorfall gern erzählt, *aber* um ihn nicht zu reizen[,] schwieg ich lieber.

2. Die Konjunktion »aber« ist in das angeschlossene Satzgefüge einbezogen:

Er ist noch klein, weil er *aber* gut schwimmen kann, haben wir ihn mitgenommen. / ..., weil er gut schwimmen kann, haben wir ihn *aber* mitgenommen.

Ich hätte ihm den Vorfall gern erzählt, um ihn *aber* nicht zu reizen[,] schwieg ich lieber. / ..., um ihn nicht zu reizen[,] schwieg ich *aber* lieber.

3. Die entgegensetzende Konjunktion »aber« bildet mit einigen Konjunktionen Fügungen, die als Einheit empfunden werden. Das Komma steht vor »aber«:

Gib ihm das Geld, *aber ohne dass* Uli es merkt.

Er tut das, weil es ihm Spaß macht, *aber auch weil* er dafür bezahlt wird.

Ich besuche dich gerne, *aber nicht wenn* die ganze Familie da ist.

Sie hat kurz angerufen, *aber nur damit* wir uns keine Sorgen machen.

3. »aber« ist in den Hauptsatz einbezogen, während die andere Konjunktion einen Nebensatz einleitet:

Gib ihm das Geld *aber*, *ohne dass* Uli es merkt.

Er tut das *aber* auch, *weil* er dafür bezahlt wird.

Ich besuche dich *aber* nicht, *wenn* die ganze Familie da ist.

Sie hat *aber* nur angerufen, *damit* wir uns keine Sorgen machen.

4. Die entgegensetzende Konjunktion »aber« schließt eine zusätzliche Beifügung an, die durch Komma abgetrennt wird:

Ich habe ein schönes, *aber* kleines Zimmer.

5. Die entgegensetzende Konjunktion »aber« schließt einen beigeordneten Satzteil an, der durch Komma abgetrennt wird:

Mein Zimmer ist klein, *aber* hell und liegt sehr zentral.

Müde, *aber* glücklich kamen wir heim.

Wir kamen müde, *aber* glücklich heim.

Seine Leistungen haben sich langsam, *aber* stetig gebessert.

Ich fahre nach Italien[,] um mich zu erholen, *aber* auch um die Sprache zu lernen.

Nicht alle, *aber* die meisten waren dafür.

Wir sind nicht nur, *aber* hauptsächlich auf diesem Gebiet tätig.

Er hat mit dem Abteilungsleiter, *aber* nicht mit dem zuständigen Referenten gesprochen.

Manchmal kann man ein zweites Komma setzen, um die Entgegensetzung als weniger wichtigen Zusatz zu kennzeichnen:

Auf den letzten 100 Metern zog der Gegner langsam, *aber* unaufhaltsam[,] an mir vorbei.

Die meisten Eltern, *aber* auch einige Lehrer[,] waren dafür.

In Frankreich, *aber* auch in England[,] ist das bereits üblich.

Sie waren arm, *aber* nicht unglücklich[,] und hatten viele Freunde.

Daniel raucht, *aber* nicht viel[,] und treibt Sport.

4. Die entgegensetzende Konjunktion »aber« ist in den Ablauf des Satzes einbezogen:

Mein Zimmer *aber* ist klein.

5. Die entgegensetzende Konjunktion »aber« ist in den Ablauf des Satzes einbezogen:

Er soll nachgeben oder *aber* zurücktreten.

Mein Zimmer ist *aber* zum Glück hell.

Die meisten waren *aber* dafür.

Einige der Lehrer *aber* waren auch dafür.

Das ist *aber* auch in England bereits üblich.

Daniel raucht *aber* nicht viel!

6. Die Konjunktion »aber« schließt eine nachgestellte Erläuterung an, die durch Komma abgetrennt bzw. in Kommas eingeschlossen wird:

Ich habe damals, *aber* leider ohne Erfolg, auf diesen Widerspruch hingewiesen.

Wir treffen uns oft, *aber* nicht während der Ferien, und üben gemeinsam.

6. Die entgegensetzende Konjunktion »aber« ist in den Ablauf des Satzes einbezogen:

Ich habe *aber* leider keinen Erfolg gehabt.

Wir treffen uns *aber* nicht während der Ferien.

7. Die Konjunktion »aber« schließt eine Bekräftigung oder eine verstärkende Wiederholung an, die durch Komma abgetrennt wird:

Ich komme gern, *aber* selbstverständlich!

Mit dir ist nichts, *aber* auch gar nichts anzufangen!

7. Die Konjunktion »aber« ist als Verstärkung in den Ablauf des Satzes einbezogen:

Das ist doch *aber* selbstverständlich.

Mit dir ist *aber* [auch] gar nichts anzufangen!

---

140   **allerdings**

1. Als vorangestelltes Adverb schließt »allerdings« einen beigeordneten Satz an, der durch Komma abgetrennt wird:

Er ist hilfsbereit, *allerdings* stellt er sich nicht sehr geschickt an.

1. Das Adverb »allerdings« ist in den Ablauf des Satzes einbezogen:

Er stellt sich *allerdings* nicht sehr geschickt an.

2. Mit einigen Konjunktionen bildet »allerdings« eine Fügung, die als Einheit empfunden und nicht durch Komma getrennt wird. Das Komma steht vor »allerdings«:

Sie kam nach Köln, *allerdings als* Gertrud schon im Krankenhaus war.

Ich besuche euch gern, *allerdings nur wenn* ich bei euch übernachten kann.

2. »allerdings« gehört zum Hauptsatz, während die Konjunktion einen Nebensatz einleitet. Das Komma steht vor der Konjunktion:

Sie kam *allerdings* erst, *als* Gertrud schon im Krankenhaus war.

Ich komme *allerdings* nur, *wenn* ich bei euch übernachten kann.

3. Als vorangestelltes Adverb schließt »allerdings« eine zusätzliche Beifügung an, die durch Komma abgetrennt wird:

Ich habe ein schönes, *allerdings* kleines Zimmer.

3. Das Adverb »allerdings« ist in den Ablauf des Satzes einbezogen:

Ich habe ein *allerdings* kleines Zimmer gefunden (vgl. 32).

4. Als vorangestelltes Adverb schließt »allerdings« eine nachgestellte Erläuterung an, die in Kommas eingeschlossen wird:

Das Zimmer ist billig, *allerdings* klein, und liegt im ersten Stock.

Er kam bald zurück, *allerdings* ohne das Buch, und stotterte eine Entschuldigung.

Bald darauf kam er, *allerdings* ohne das Buch, zurück.

Ich habe damals, *allerdings* ohne Erfolg, auf diesen Widerspruch hingewiesen.

Energisch, *allerdings* erfolglos, habe ich damals auf diesen Widerspruch hingewiesen.

Die meisten, *allerdings* nicht alle, waren dafür.

5. Als Ausdruck einer Stellungnahme steht »allerdings« außerhalb des Satzes und wird durch Komma abgetrennt (vgl. 59):

Allerdings, das gehört zu meiner Aufgabe.

4. Das Adverb »allerdings« ist in den Ablauf des Satzes einbezogen:

Das Zimmer ist *allerdings* klein.

Das Buch hat er *allerdings* nicht bekommen.

Er kam *allerdings* ohne das Buch zurück.

Ich habe damals *allerdings* keinen Erfolg gehabt.

---

141   **als**
(Vgl. auch 33.)

1. Die Konjunktion »als« leitet einen untergeordneten Temporalsatz (Zeitsatz) ein, der durch Komma abgetrennt wird:

Wir kehrten zurück, *als* es dunkel wurde.

Als es dunkel wurde, kehrten wir zurück.

Wir kehrten, *als* es dunkel wurde, zurück.

Damals, *als* Daniela Examen machte, war ich verreist.

1. Die Konjunktion »als« ist zweiter Bestandteil einer Fügung am Beginn des Temporalsatzes, die als Einheit empfunden und nicht durch ein Komma geteilt wird:

Wir kehrten zurück, *gerade als* es dunkel wurde.

Erst als es dunkel wurde, kehrten wir zurück.

Um neun Uhr, *also als* es dunkel wurde, kehrten wir zurück.

Ich war verreist, *als* Daniela krank war, *aber nicht als* sie ihr Examen machte.

2. (Wie 1)

Ich erschrak besonders, *als* der Artist fast das Gleichgewicht verlor.

Sie besuchte mich zum Beispiel, *als* ich Geburtstag hatte.

3. Die Konjunktion »als« leitet mit Komma einen untergeordneten Vergleichssatz ein:

Karl ist größer, *als* Wilhelm im gleichen Alter war.

Er ist klüger, *als* du denkst.

Das ist mehr, *als* ich brauche.

Er hatte mehr Schulden, *als* er je abzahlen konnte.

Sie war als Forscherin bedeutender, *als* sie auf literarischem Gebiet sein konnte. (Vgl. »denn«, 3.)

Weitere Beispiele für solche Fügungen:

aber als; gleich als; nur als; schon als.

2. In einigen Fügungen am Beginn des Temporalsatzes kann vor »als« ein zusätzliches Komma gesetzt werden:

Ich hatte große Angst, *besonders[,] als* der Artist fast das Gleichgewicht verlor.

Zum Beispiel [,] als ich Geburtstag hatte, hat sie mich besucht.

Weitere Beispiele für solche Fügungen:

beispielsweise[,] als; nämlich[,] als; vor allem[,] als.

3. Die Konjunktion »als« steht ohne Komma vergleichend zwischen Satzteilen. Häufig geht ein Komparativ voraus:

Karl ist größer *als* Wilhelm.

Er ist klüger *als* du.

Das ist leichter gesagt *als* getan.

Heute kam er früher *als* gestern.

Der Spatz in der Hand ist besser *als* die Taube auf dem Dach.

Im Fernsehen sind oft bessere Inszenierungen möglich *als* im Theater.

Das ist mehr *als* genug.

Er hatte mehr Löcher in den Kleidern *als* Geldstücke im Beutel.

Sie war mehr Forscherin *als* Schriftstellerin.

Sie war als Forscherin bedeutender *als* auf literarischem Gebiet. (Vgl. »denn«, 3.)

Er verwendet lieber Aquarellfarben *als* Buntstifte oder Ölkreiden.

Der Tisch war eher lang *als* breit.

Konjunktionstabellen

Er schreibt anders, *als* du es tust.

Es war ein eher langer *als* breiter Tisch.

Er schreibt anders *als* du.

Niemand [anders] *als* du kann es gewesen sein.

Das ist alles andere *als* schön.

Ich sah nichts *als* ihre Augen.

Sie kam so oft, *als* es möglich war.

Sie kam so oft *als* möglich.

Einige dieser Vergleichssätze entsprechen inhaltlich Sätzen mit → »als ob / als wenn«:

Er sah, *als* habe er nichts gehört, aus dem Fenster.

Er tut so, *als* hätte er kein Geld.

Er bewegte sich [so], *als* ginge er auf einem Seil.

Gelegentlich ist der Vergleichssatz nur durch sein Prädikat mit nachgestellter Personalform erkennbar (vgl. 33):

Wir haben mehr Stühle, *als* nötig sind.

Wir haben mehr Stühle *als* nötig.

Es wurden mehr Waren eingekauft, *als* verkauft werden konnten.

Es wurden mehr Waren eingekauft *als* verkauft.

Es ging besser, *als* zu erwarten war.

Es ging besser *als* erwartet.

Er ist reicher, *als* angenommen wurde.

Er ist reicher *als* angenommen.

4. Die Konjunktion »als« kann erster Bestandteil einer Fügung am Beginn des Vergleichssatzes sein, die als Einheit empfunden und nicht durch ein Komma geteilt wird:

4. (Wie 3)

Ich bleibe nicht länger hier, *als bis* er kommt.

Ich bleibe nicht länger *als* bis zu seiner Ankunft hier.

Ich weiß nicht mehr von ihm, *als was* man in der Zeitung liest.

Ich weiß nicht mehr von ihm *als* das, was man in der Zeitung liest.

Was helfen uns jetzt unsere geheiligten Wohlstandsgüter, *als da sind* Kühlschrank, Auto und Fernsehgerät?

Zu »als dass« vgl. »dass«, 1.

5. (Wie 3):

Sie hob die Hand so, *als* wollte sie einen Schlag abwehren.

Seine Freude über diesen Preis war echt, sie war es umso mehr, *als* er ihn gar nicht erwartet hatte. (Vgl. genauer »umso«, 2.)

Er hatte insofern gut vorgesorgt, *als* er schon im Februar des Ferienquartier bestellt hatte. (Vgl. genauer »insofern [als] / insoweit [als]«, 1.)

6. Die Konjunktion »als« leitet eine Infinitivgruppe ein, die durch Komma abgetrennt werden kann oder muss (vgl. genauer 95 ff.):

Etwas Schlimmeres[,] *als* seine Kinder zu enttäuschen[,] hätte ihm nicht passieren können.

Er konnte nichts Besseres tun[,] *als* zu reisen.

Du brauchst nichts zu tun[,] *als* ruhig abzuwarten.

Es ist besser, mitzumachen, *als* zuzuschauen.

Es ist sinnvoller, ein gutes Buch zu lesen, *als* einen schlechten Film zu sehen.

Ein gutes Buch zu lesen[,] ist sinnvoller[,] *als* einen schlechten Film zu sehen.

7. Eine mit »als« angeschlossene Erläuterung kann gelegentlich in Kommas eingeschlossen werden, wenn sie direkt hinter ihrem Bezugswort steht:

5. Die Konjunktion »als« kann zweiter Bestandteil einer Fügung am Beginn des Vergleichssatzes sein, die als Einheit empfunden wird. Das Komma steht vor der Fügung, vor »als« kann ein zusätzliches Komma gesetzt werden:

Sie hob die Hand, *so[,] als* wollte sie einen Schlag abwehren.

Seine Freude über diesen Preis war echt, *umso mehr [,] als* er ihn gar nicht erwartet hatte. (Vgl. genauer »umso«, 2.)

Er hatte gut vorgesorgt, *insofern [,] als* er schon im Februar des Ferienquartier bestellt hatte. (Vgl. genauer »insofern [als] / insoweit [als]«, 1.)

6. Die Konjunktion »als« steht ohne Komma vor dem Infinitiv ohne »zu«:

Er konnte nichts Besseres tun *als* reisen.

Du brauchst nichts zu tun *als* ruhig abwarten.

Ich will lieber mitmachen *als* zuschauen.

Lesen ist sinnvoller *als* fernsehen.

7. Die Konjunktion »als« schließt ohne Komma eine nähere Erläuterung an:

Davon habe ich *als* junges Mädchen geträumt.

Ihr *als* leitender Ärztin fiel die volle Verantwortung zu.

Ich rate dir *als* guter Freund jetzt nicht aufzugeben.

Norbert, *als* ein enger Freund der Familie, wurde gebeten die Trauerrede zu halten.

Dr. Schäfer, *als* Vertreter des Nebenklägers, beantragte die Vernehmung eines weiteren Zeugen.

Norbert wurde *als* enger Freund der Familie gebeten die Trauerrede zu halten.

Frau Dr. Meier *als* Verteidigerin beantragte Freispruch.

Dr. Schäfer *als* Vertreter des Nebenklägers beantragte die Vernehmung eines weiteren Zeugen.

Dr. Schäfer beantragte *als* Vertreter des Nebenklägers die Vernehmung eines weiteren Zeugen.

8. Vor der Konjunktion »als« steht nie ein Komma, wenn ein Verb einen Anschluss mit »als« erfordert (z. B. »gelten als«):

Er gilt *als* unzuverlässig.

Ich empfinde sein Benehmen *als* unpassend.

Die Geschichte erwies sich *als* wahr.

Dr. Meier wirkte lange *als* Strafverteidiger in Köln.

Der Schauspieler ist mehrfach *als* Hamlet aufgetreten.

Ich betrachte ihn *als* meinen Freund.

als dass:
→ dass, 1

---

1. Die Konjunktionalfügungen »als ob« und »als wenn« leiten einen untergeordneten Vergleichssatz ein, der durch ein Komma abgetrennt wird:

Doch das Mädchen lief über das Seil, *als ob* es keinen Abgrund gäbe.

Er tut, *als ob* er nicht bis drei zählen könnte.

Er tut immer, *als wenn* er alles besser wüsste.

1. Die Konjunktionalfügungen »als ob« und »als wenn« sind Teil einer größeren Fügung, die als Einheit empfunden und nicht durch ein Komma geteilt wird:

Doch als ob es keinen Abgrund gäbe, lief das Mädchen über das Seil.

Er hörte nie auf uns, *gerade als wenn* er alles besser wüsste.

Es gibt nichts Schöneres, *als wenn* die Bäume blühen.

Oben an Deck wird es dir besser gehen, *als wenn* du in der Kabine bleibst.

2. Die Konjunktionalfügungen »als ob« und »als wenn« leiten einen untergeordneten Vergleichssatz ein, der durch ein Komma abgetrennt wird und dem im Hauptsatz ein »so« entspricht:

2. Mit »so« bilden »als ob« und »als wenn« Fügungen, die als Einheit empfunden und nicht durch ein Komma getrennt werden:

Das Mädchen lief über das Seil, *so als ob* es keinen Abgrund gäbe.

Er gähnte so laut, *als ob* er schrecklich müde wäre.

Er gähnte laut, *so als ob* er schrecklich müde wäre.

Sie hob die Hand so, *als ob* sie einen Schlag abwehren wollte.

Sie hob die Hand, *so als ob* sie einen Schlag abwehren wollte.

Er tut so, *als ob* er kein Geld hätte.

Er trägt immer alte Sachen, *so als ob* er kein Geld hätte.

Vgl. »so«, 2.

als zu:
→ als, 6

1. Als vorangestelltes Adverb schließt »also« einen beigeordneten Satz an, der durch Komma abgetrennt wird:

1. Das Adverb »also« ist ohne Komma in den Ablauf des Satzes einbezogen:

Der Ofen qualmte, *also* öffnete Karl das Fenster.

Karl öffnete *also* das Fenster.

2. Als vorangestelltes Adverb schließt »also« eine zusätzliche Beifügung an, die durch Komma abgetrennt wird:

Dies ist ein veraltetes, *also* ungebräuchliches Wort. (Vgl. 67.)

3. Als vorangestelltes Adverb schließt »also« eine nachgestellte Erläuterung an, die durch Komma abgetrennt bzw. in Kommas eingeschlossen wird:

3. Das Adverb »also« ist ohne Komma in den Ablauf des Satzes einbezogen:

Laufvögel, *also* Strauße, Nandus, Emus, sind flugunfähig.

,

Er mochte alle Kinder, *also* auch die frechen.

Er hat alle Kinder, *also* auch die frechen, gern gehabt.

Ich habe gelernt zu stenografieren, *also* Kurzschrift zu schreiben.

Sie hat in Notwehr geschossen, *also* um sich zu verteidigen, und ist daher unschuldig.

Er mochte *also* auch die frechen Kinder.

4. Mit einigen Konjunktionen bildet »also« eine Fügung, die als Einheit empfunden und nicht durch Komma getrennt wird. Das Komma steht vor »also«:

In einem Notfall, *also wenn* es brennt oder eine Panik ausbricht, drücken Sie den roten Alarmknopf.

Er hat das getan, weil er davon profitiert, *also nicht weil* er uns helfen wollte.

Gib ihm das Geld heimlich, *also ohne dass* Uli es merkt.

4. Beide Wörter sind eigenständig. Das Komma steht vor der Konjunktion:

Sie drücken den roten Alarmknopf *also*, *wenn* ein Notfall eintritt.

Er tat das *also* nicht, *weil* er uns helfen wollte.

5. Als Ausdruck einer Stellungnahme steht »also« außerhalb des Satzes und wird durch Komma abgetrennt (vgl. 59):

Also, kommst du jetzt oder nicht?

Also, bis morgen!

5. Das bekräftigende Adverb »also« ist ohne Komma in den Ablauf des Satzes einbezogen:

Also kommst du jetzt oder nicht?

Bis morgen *also*!

Also meinetwegen kannst du morgen kommen.

---

ander[e]nteils:
→ teils – teils

and[e]rerseits/anderseits:
→ einerseits – and[e]rerseits/anderseits

anstatt dass:
→ dass, 1

---

auch

1. Als vorangestelltes Adverb schließt »auch« einen beigeordneten Satz an, der durch Komma abgetrennt wird:

Wir baden viel, *auch* gehen wir oft spazieren.

Der Jäger blieb stehen, *auch* der Hund verharrte an seiner Seite.

2. Als vorangestelltes Adverb schließt »auch« eine zusätzliche Beifügung an, die durch Komma abgetrennt wird:

Das ist eine spannende, *auch* sehr anschaulich geschriebene Erzählung.

3. Als vorangestelltes Adverb schließt »auch« eine nachgestellte Erläuterung an, die durch Komma abgetrennt bzw. in Kommas eingeschlossen wird:

Gemüse und Obst, *auch* die feinsten Sorten, sind reichlich vorhanden.

Dieser Winzer hat hervorragende Weine, *auch* preisgekrönte.

Herzliche Grüße, *auch* von meiner Frau, dein Ludwig.

Ich fahre im Urlaub nach Italien, *auch* um die Sprache zu lernen.

4. Mit einigen Konjunktionen bildet »auch« eine Fügung, die als Einheit empfunden und nicht durch ein Komma getrennt wird. Das Komma steht vor »auch«:

Fritz arbeitete, *auch als* ihm das Geld ausging, weiter wie bisher.

Ich weiß alles, *auch dass* dein Vater zugestimmt hat.

Er freut sich über jede Nachricht, *auch wenn* du ihm nur eine Postkarte schreibst.

Ich tue das nicht, *auch nicht wenn* du mir drohst.

1. Das Adverb »auch« ist ohne Komma in den Ablauf des Satzes einbezogen:

Wir [baden viel und] gehen *auch* oft spazieren.

Der Jäger und *auch* der Hund blieben stehen.

2. Das Adverb »auch« ist ohne Komma in den Ablauf des Satzes einbezogen:

Die Erzählung ist spannend und *auch* sehr anschaulich geschrieben.

3. Das Adverb »auch« ist ohne Komma in den Ablauf des Satzes einbezogen:

Wir führen *auch* die feinsten Sorten von Obst und Gemüse.

Dieser Winzer hat *auch* preisgekrönte Weine.

Ich soll Dich *auch* von Peter herzlich grüßen.

Ich will in Italien *auch* die Sprache lernen.

4. »auch« gehört zum Hauptsatz. Das Komma steht vor der Konjunktion:

Fritz arbeitete *auch* weiter, *als* ihm das Geld ausging.

Ich weiß *auch*, *dass* dein Vater zugestimmt hat.

Er freut sich *auch*, *wenn* du ihm nur eine Postkarte schreibst.

Konjunktionstabellen

Weitere Beispiele für solche Fügungen:

aber auch dass/weil/wenn; also auch dass/weil/wenn; auch ob; auch weil; auch wie; auch wo (Vgl. auch »nicht nur – sondern auch«, »sowohl – als auch«, »wenn auch«.)

---

145   **außer**

---

1. Als Konjunktion oder Präposition (Verhältniswort) schließt »außer« eine nachgetragene Erläuterung an, die durch Komma abgetrennt bzw. in Kommas eingeschlossen wird:

Sie können mich, *außer* in der Mittagszeit, immer erreichen. (Vgl. 84.)

Sie können mich immer, *außer* in der Mittagszeit, erreichen.

Sie können mich immer erreichen, *außer* in der Mittagszeit.

Niemand kann mir helfen, *außer* ich selbst.

Er ist nie in einem Krankenhaus gewesen, *außer* um Freunde zu besuchen.

2. Mit den Konjunktionen »als, dass, weil, wenn« u.a. bildet »außer« eine Fügung, die als Einheit empfunden wird. Das Komma steht vor »außer«:

Ich habe nichts erfahren können, *außer dass* er abgereist ist.

Wir machen morgen einen Ausflug, *außer natürlich wenn* es regnet.

1. Als Konjunktion oder Präposition ist »außer« ohne Komma in den Ablauf des Satzes einbezogen:

Außer meinem Bruder kamen auch seine Frau und die Kinder.

Außer in der Mittagszeit können Sie mich immer erreichen.

Sie können mich *außer* in der Mittagszeit immer erreichen. (Vgl. 84.)

Sie können mich immer erreichen *außer* in der Mittagszeit.

Niemand kann mir helfen *außer* ich selbst.

Niemand *außer* mir selbst kann mir helfen.

Er ist nie in einem Krankenhaus gewesen[,] *außer* um Freunde zu besuchen.

Außer um Freunde zu besuchen[,] ist er nie in einem Krankenhaus gewesen. (Vgl. 101.)

---

3. Als Konjunktion leitet »außer« einen Nebensatz ein, der durch Komma abgetrennt bzw. in Kommas eingeschlossen wird:

Ich komme, *außer* es regnet, und bringe einen Kuchen mit.

bald – bald:
→ mal – mal

---

146   **besonders**
(Die Beispiele gelten auch für »insbesondere«, »namentlich« und »vor allem«.)

1. Als vorangestelltes Adverb schließt »besonders« einen beigeordneten Satz oder Satzteil an. Das Komma steht vor »besonders«:

Er liebt einen guten Wein, *besonders* gern trinkt er Rotwein.

Es gibt dort gute Weine, *besonders* der Rotwein ist vorzüglich.

Äpfel und Nüsse, *besonders* aber Feigen isst er gern. (Vgl. »aber«, 5.)

Mehrere ausländische, *besonders* holländische Firmen waren vertreten. (Vgl. 67.)

1. Das Adverb »besonders« ist ohne Komma in den Ablauf des Satzes einbezogen:

Rotwein trinkt er *besonders* gern.

Der Rotwein ist *besonders* gut.

Äpfel, Nüsse und *besonders* Feigen isst er gern.

Auf der Messe waren *besonders* viele holländische Firmen vertreten.

2. Als vorangestelltes Adverb leitet »besonders« eine nachgestellte Erläuterung ein, die durch Komma abgetrennt bzw. in Kommas eingeschlossen wird (vgl. 61):

Er liebt einen guten Wein, *besonders* Rotwein.

Knackmandeln und Nüsse, *besonders* Paranüsse, schätze ich sehr.

In meinem Zimmer ist es, *besonders* am Nachmittag, sehr warm.

In meinem Zimmer ist es sehr warm, *besonders* am Nachmittag.

2. Das Adverb »besonders« ist ohne Komma in den Ablauf des Satzes einbezogen:

Er liebt *besonders* den Rotwein.

Von den Nüssen schätze ich *besonders* die Paranüsse.

In meinem Zimmer ist es *besonders* am Nachmittag sehr warm. (Vgl. 66.)

Besonders am Nachmittag ist es in meinem Zimmer sehr warm.

3. Mit den Konjunktionen »als, dass, weil, wenn« u.a. bildet »besonders« eine Fügung, die als Einheit empfunden wird. Das Komma steht vor »besonders«, nach »besonders« kann ein zusätzliches Komma gesetzt werden:

Es wird sehr nett werden, *besonders[,] wenn* du auch deine Frau mitbringst.

Das interessierte ihn, *besonders[,] weil* er den Brief noch nicht kannte.

3. »besonders« gehört zum Hauptsatz, während die Konjunktion einen Nebensatz einleitet. Das Komma steht vor der Konjunktion:

Wir freuen uns *besonders, wenn* du auch deine Frau mitbringst.

Das interessierte ihn *besonders, weil* er den Brief noch nicht kannte.

147

bevor
(Die Beispiele gelten auch für »ehe«.)

1. Die Konjunktion »bevor« leitet einen untergeordneten Temporalsatz (Zeitsatz) ein, der durch Komma abgetrennt bzw. in Kommas eingeschlossen wird:

Ruf mich bitte an, *bevor* du kommst.

Bevor du noch kamst, rief er mich schon an.

Er musste sich, *bevor* er schreiben konnte, erst Papier suchen.

Nicht öffnen, *bevor* der Zug hält!

1. Die Konjunktion »bevor« ist Teil einer Fügung, die als Einheit empfunden und nicht durch ein Komma geteilt wird:

Schon bevor du kamst, rief er mich an.

Er rief mich ganz früh morgens an, *also noch bevor* du kamst.

Denn *bevor* er schreiben konnte, musste er sich erst Papier suchen.

Kurz bevor der Zug hielt, verließ sie das Abteil.

Drei Wochen bevor der Sohn zurückkehrte (wann?), starb die Mutter.

Die Mutter starb, *drei Wochen bevor* der Sohn zurückkehrte.

Nicht: Die Mutter starb drei Wochen (wie lange?), bevor ...

Das war / Das passierte, *lange bevor* es Autos gab.

Diese Geschichte ist, *schon lange bevor* es Autos gab, passiert.

2. In einigen Fügungen kann vor »bevor« ein zusätzliches Komma gesetzt werden:

Ich habe sie öfter gesehen, *zum Beispiel [,] bevor* wir gestern ins Kino gingen.

Weitere Beispiele für solche Fügungen:

besonders[,] bevor; beispielsweise[,] bevor; nämlich[,] bevor; vor allem[,] bevor

---

148   **beziehungsweise (bzw.)**

---

1. Die Konjunktion »beziehungsweise« verbindet beigeordnete Hauptsätze. Vor »beziehungsweise« kann ein Komma gesetzt werden:

Wir fahren nach Griechenland[,] *bzw.* (= besser gesagt) wir fliegen nach Athen.

Ich kannte ihn gut[,] *bzw.* (= oder vielmehr) mein Vater war mit ihm befreundet.

1. Die Konjunktion »beziehungsweise« verbindet ohne Komma Satzteile:

Wir fahren *bzw.* (= besser gesagt) fliegen nach Griechenland.

Er war mit ihm bekannt *beziehungsweise* (= oder vielmehr) befreundet.

Er wohnt in Frankfurt *bzw.* (= oder vielmehr) in einem Vorort von Frankfurt.

Die Firma Müller *bzw.* (= oder) die Firma Meier wird die Ware liefern können.

Sein Sohn und seine Tochter sind 10 *bzw.* (= und) 14 Jahre alt.

Ich fahre nach Italien[,] um mich zu erholen *bzw.* (= und) um die Sprache zu lernen.

2. Die Konjunktion »beziehungsweise« verbindet ohne Komma Nebensätze gleichen Grades:

Er berichtete, was vereinbart worden war *bzw.* (= genauer gesagt) welche Lösung man gefunden hatte.

---

149   **bis**

---

1. Die Konjunktion »bis« leitet einen untergeordneten Temporalsatz (Zeitsatz) ein, der durch Komma abgetrennt bzw. in Kommas eingeschlossen wird:

Er wohnte dort, *bis* er starb.

1. Mit einigen Konjunktionen und Adverbien bildet »bis« Fügungen, die als Einheit empfunden werden. Dann steht das Komma vor der ganzen Fügung:

Er wohnte dort bis 1994, *also bis* er starb.

Bis Helmut kommt, haben wir noch eine Stunde Zeit.

Wir haben, *bis* Helmut kommt, noch eine Stunde Zeit.

Die Reise verlief, *bis* wir nach Stuttgart kamen, ohne Zwischenfall.

Warte so lange, *bis* ich den Brief geschrieben habe.

Wir können einen Kaffee trinken, *denn bis* Helmut kommt, haben wir noch eine Stunde Zeit.

Ich kann noch ein bisschen bleiben, *aber nicht bis* Helmut kommt.

In einigen Fügungen kann vor »bis« ein zusätzliches Komma gesetzt werden:

Ich versuche wach zu bleiben, *zumindest [,] bis* wir in Stuttgart sind.

Du musst noch eine Weile warten, *nämlich [,] bis* ich den Brief geschrieben habe.

2. Als Adverb oder Präposition steht »bis« ohne Komma im Satz:

Er wohnte dort *bis* zu seinem Tode.

Wir haben *bis* zu Helmuts Ankunft noch eine Stunde Zeit.

Die Reise verlief *bis* Stuttgart ohne Zwischenfall.

Der Saal war *bis* auf den letzten Platz besetzt.

Bis auf Karl wollen alle mitfahren.

Alle[,] *bis* auf Karl[,] wollen mitfahren. (Vgl. 84.)

---

150   dagegen

1. Das Adverb »dagegen« schließt einen beigeordneten (häufig verkürzten) Satz an, der durch Komma abgetrennt wird:

Ilona turnt nicht gern, *dagegen* ist sie gut im Schwimmen.

Karin ist blond, *dagegen* [ist] ihre Schwester dunkelhaarig.

Er ist leichtsinnig, *dagegen* kann man nichts machen.

1. Das Adverb »dagegen« ist in den Ablauf des Satzes einbezogen:

Ilona ist gut im Schwimmen, im Turnen *dagegen* [ist sie] eher schwach.

Ilona ist gut im Schwimmen, im Turnen *dagegen* nicht.

Karin ist blond, ihre Schwester *dagegen* [ist] dunkelhaarig.

Karin ist blond, ihre Schwester *dagegen* nicht.

Er ist leichtsinnig, man kann nichts *dagegen* machen.

Dagegen[,] dass er leichtsinnig ist, kann man nichts machen. (Vgl. »dass«, 2.)

Hast du etwas *dagegen*, dass sie mitkommt?

2. Das Adverb »dagegen« leitet eine nachgestellte Erläuterung ein, die durch Komma abgetrennt bzw. in Kommas eingeschlossen wird:

Im dicken Anorak, *dagegen* ohne Mütze und Handschuhe, lief er stundenlang durch den Wald.

---

151   **daher**

Als vorangestelltes Adverb schließt »daher« einen beigeordneten Satz oder Satzteil an, der durch Komma abgetrennt wird:	**Das Adverb »daher« ist in den Ablauf des Satzes einbezogen:**
Sie war krank, *daher* konnte sie nicht kommen.	Sie war krank und konnte *daher* nicht kommen.
Er war durch die lange Fahrt übermüdet, *daher* ist er verunglückt.	Er war seit zwanzig Stunden im Einsatz und *daher* übermüdet.
Er ist in dieser Stadt aufgewachsen, *daher* seine Ortskenntnis.	Seine Ortskenntnis kommt *daher*, dass er in dieser Stadt aufgewachsen ist.

---

152   **dann**

1. Als vorangestelltes Adverb schließt »dann« ein Aufzählungsglied an. Das Komma steht vor »dann«, auch wenn es wiederholt wird:	**1. Das Adverb »dann« ist in den Ablauf des Satzes einbezogen:**
Die Ampel zeigte Grün, *dann* Gelb, *dann* Rot.	
Er fragte erst seine Kollegen, *dann* den Abteilungsleiter und schließlich den Direktor.	Er fragte seine Kollegen und *dann* erst den Abteilungsleiter.
Es gab mehrere Läden am Markt, *dann* ein Kino, eine Apotheke und natürlich das Rathaus.	Wir sprechen morgen darüber, aber *dann* in Ruhe.
Noch ein Jahr, *dann* ist er mit dem Studium fertig.	Im Sommer zieht er aus, denn *dann* ist er mit dem Studium fertig.

Ich werde wenn nicht mit dem Auto, *dann* mit der Bahn fahren. (Vgl. »wenn«, 6.)

Die Aufzählung kann nachgetragen sein:

Ich werde fahren, wenn nicht mit dem Auto, *dann* mit der Bahn.

Er aß in aller Ruhe, erst die Suppe, *dann* ein Steak, *dann* den Nachtisch.

2. Das Adverb »dann« steht am Anfang eines beigeordneten Satzes:

Sie fährt nach Rom, *dann* fliegt sie nach Athen.

Er ist der Klassenbeste, *dann* kommt sein Bruder und *dann* Carola.

Gib mir das Buch, *dann* zeige ich dir das Gedicht.

Zuerst stritt er alles ab, *dann* gab er den Diebstahl zu, *dann* gestand er auch den Ladeneinbruch.

Erst besinnen, *dann* beginnen!

3. Das Adverb »dann« nimmt am Anfang eines Hauptsatzes die Beziehung zum vorangehenden Nebensatz auf:

Wenn er Hunger hatte, *dann* pflückte er sich einfach einen Apfel vom Baum.

Aber wenn, *dann* jetzt.

Sollte etwas dazwischenkommen, *dann* rufe ich dich an. / Falls etwas dazwischenkommt, *dann* rufe ich dich an.

4. Mit einigen Konjunktionen bildet »dann« eine Fügung, die als Einheit empfunden wird. Das Komma steht vor »dann«, vor der Konjunktion kann ein zusätzliches Komma gesetzt werden:

Wenn ich das gesagt habe, *dann nur[,] weil* er mich provoziert hat.

Wenn er von etwas eine Ahnung hat, *dann davon[,] wie* man ein Auto repariert.

2. (Wie 1)

Sie fährt nach Rom und fliegt *dann* nach Athen.

Er ist der Klassenbeste[,] und *dann* kommt sein Bruder.

3. (Wie 1)

Wenn ich brav bin, schenkst du mir *dann* das Buch?

Wenn wir *dann* alles hinter uns haben, feiern wir.

4. »dann« steht im Hauptsatz unmittelbar vor einem wenn-Satz. Das Komma steht vor »wenn«:

Nur *dann, wenn* alle mitmachen, kann das gelingen.

Und *dann, wenn* wir das alles hinter uns haben, feiern wir.

enn ich etwas gelernt habe, *dann[,]*
ass einem nichts in den Schoß fällt.

Die Auffahrunfälle passieren fast alle
in der gleichen Situation, nämlich
dann, wenn plötzlich Nebel aufkommt. (Vgl. aber »nämlich«, 3.)

Natürlich werde ich spazierengehen,
aber erst *dann, wenn* ich fertig bin.
(Vgl. aber »wenn«, 1.)

Weitere Beispiele:

besonders dann, wenn; und zwar
dann, wenn; vor allem dann, wenn

---

53   **dass**

**Die unterordnende Konjunktion
»dass« leitet Nebensätze verschie-
ener Art ein, die durch Komma
getrennt bzw. in Kommas einge-
chlossen werden:**

ie Hauptsache ist, *dass* du
ommst.

ut, *dass* du kommst.

e Nachricht, *dass* er zugestimmt
t, kam schon gestern.

ass du so schnell kommst, habe ich
cht geglaubt.

h weiß, *dass* du ihn liebst und
ass du] alles für ihn tun würdest.

h bleibe dabei, *dass* er an jenem
end bei mir war, und bin bereit,
s zu beschwören.

rg dafür, *dass* er das Geld
kommt, *dass* Uli aber keinen Ver-
cht schöpft.

b ihr den Brief, *dass* (= damit) sie
n selbst liest.

b acht, *dass* du dich nicht verletzt.

e sangen so laut, *dass* sie heiser
rden.

kam nicht, sei es, *dass* er im Büro
fgehalten wurde, sei es, *dass* er im
au steckte.

**1. Mit einigen Konjunktionen oder
Adverbien bildet »dass« Fügungen,
die als Einheit empfunden und
nicht durch Komma geteilt werden.**

Gerda hat mir alles erzählt, *also auch
dass* du kommst.

Ich wusste von deinem Brief, *aber
nicht dass* du kommst.

Du sagst mir nichts Neues, *denn dass*
er zugestimmt hat, wusste ich schon
gestern.

Ich habe fest mit dir gerechnet, *aber
dass* du so schnell kommst, habe ich
nicht geglaubt.

Gib ihm das Geld heimlich, *also ohne
dass* Uli Verdacht schöpft.

Gib acht, *nicht dass* du dich verletzt.

Es ist denkbar, *dass* er im Büro aufge-
halten wurde, *aber auch dass* er im
Stau steckt.

Der Plan ist viel zu umständlich, *als dass* wir ihn ausführen könnten.

Anstatt dass der Direktor kam, erschien nur sein Stellvertreter.

Mich stört nur, *dass* er raucht.

Ich mag ihn, *nur dass* er raucht, stört mich.

Pass auf dich auf, *und dass* du mir ja keine Dummheiten machst! (Vgl. »und«, 5.)

Weitere Beispiele für solche Fügungen:

außer dass; kaum dass; schon dass; sondern dass (Vgl. auch »sodass«.)

2. (Wie 1)

2. In einigen Fügungen kann vor »dass« ein zusätzliches Komma gesetzt werden:

Morgen wird es regnen, *vorausgesetzt [,] dass* der Wetterbericht stimmt.

Ich glaube nicht, dass er anruft, *geschweige [denn] [,] dass* er vorbeikommt.

Alles spricht dafür[,] *dass* er der Täter ist.

Er spricht recht gut Französisch, *dafür [,] dass* er nie in Frankreich war.

Er verdiente seinen Unterhalt damit, *dass* er auf den Straßen musizierte.

Damit [,] dass du dich entschuldigst, ist die Sache nicht erledigt.

Gehe ich recht in der Annahme, *dass* du der Anstifter warst?

In der Annahme [,] dass sie kommt, habe ich ein Zimmer reserviert.

Weitere Beispiele für solche Fügungen:

abgesehen davon[,] dass; angenommen[,] dass; ausgenommen[,] dass; beispielsweise[,] dass; besonders[,] dass; dadurch/damit/daran/darüber/davon [,] dass; es sei denn[,] dass; für den Fall[,] dass; gesetzt den Fall[,] dass; im Fall[,] dass; in der Erwartung/Hoffnung[,] dass; nämlich[,] dass; und zwar[,] dass; ungeachtet dessen [,] dass; unter der Bedingung[,] dass; vor allem[,] dass; zum Beispiel[,] dass.

**1. Die Konjunktion »denn« schließt
einen beigeordneten begründen-
den Satz an, der durch Komma abgetrennt bzw. in Kommas eingeschlossen wird:**

Ich machte Licht, *denn* es war inzwischen dunkel geworden.

In einem Brief, *denn* persönlich hätte
er es nie gewagt, wies er seinen
Lehrer auf diesen Widerspruch hin.

Ich beschloss abzureisen, *denn*, so
sagte ich mir, jeder Tag hier war ver-
lorene Zeit.

**2. Die Konjunktion »denn« schließt
beiordnend ein Satzgefüge an, das
mit einem Nebensatz oder einer
Infinitivgruppe beginnt (vgl. 133):**

Beeil dich, *denn* bevor die Flut
kommt, müssen wir auf der Insel
sein.

Der Kritiker hatte es leicht, *denn* um
solche Fehler zu sehen[,] braucht man
kein Fachmann zu sein.

**3. Die Konjunktion »denn« (im Sin-
ne von »als«) leitet mit Komma
einen untergeordneten Vergleichssatz ein:**

Sie war als Forscherin bedeutender,
denn sie als Dichterin sein konnte.

**3. »denn« (im Sinne von »als«)
steht ohne Komma vergleichend
zwischen Satzteilen:**

Sie war als Forscherin bedeutender
denn als Dichterin.

Ich tat es mehr aus Vorsicht *denn* aus
Überzeugung.

Hier heißt es, dass Dünger eher
Krankheiten begünstigt *denn* das
Wachstum fördert.

**4. Die Konjunktion »denn« (im Sin-
ne von »als«) leitet mit Komma
eine Infinitivgruppe ein, die in Kommas eingeschlossen werden muss
oder kann:**

Es kommt heute mehr darauf an,
englisch zu sprechen, *denn* Latein
oder Griechisch zu können.

Als ehrlicher Mann zu sterben[,] war
ihm lieber[,] *denn* als Verräter wei-
terzuleben.

**4. »denn« (im Sinne von »als«)
steht ohne Komma vergleichend
zwischen Satzteilen:**

Mehr *denn* je kommt es heute darauf
an, Englisch zu sprechen.

Er wollte lieber als ehrlicher Mann
sterben *denn* als Verräter weiterle-
ben.

5. Das Adverb »denn« steht verstärkend im Ablauf eines Satzes:

Wer war es *denn*?

Hast du ihn *denn* nicht gefragt?

Das war mir *denn* doch zuviel.

desto:
→ je – desto / je – je / je – umso; → umso, 1

---

doch / jedoch

1. Als Konjunktion oder vorangestelltes Adverb schließt »doch« oder »jedoch« einen beigeordneten (häufig verkürzten) Satz an, der durch Komma abgetrennt wird:

Ich wollte ihm [zwar] helfen, *doch* er ließ es nicht zu.

Ich wollte ihm [zwar] helfen, *doch* ließ er es nicht zu.

Karin ist blond, *jedoch* ihre Schwester dunkelhaarig.

Ilona ist gut im Schwimmen, *jedoch* im Turnen nicht.

1. »doch« und »jedoch« sind ohne Komma in den Ablauf des Satzes einbezogen:

Er hat es *jedoch* nicht zugelassen.

Helfen *jedoch* ließ er sich nicht.

Karin ist blond, ihre Schwester *jedoch* dunkelhaarig.

Ilona ist gut im Schwimmen, im Turnen *jedoch* nicht.

2. Als Konjunktion schließt »doch« oder »jedoch« beiordnend ein Satzgefüge an, das mit einem Nebensatz oder mit einer Infinitivgruppe beginnt (vgl. 133). Das Komma steht vor »[je]doch«:

Ich will dir gern helfen, *doch* bevor wir etwas unternehmen, muss ich erst mit deinem Lehrer sprechen.

Ich wäre gern einmal in Paris, *jedoch* um reisen zu können[,] braucht man Geld und Zeit.

2. Als Konjunktion ist »jedoch« in den Vordersatz des Satzgefüges einbezogen:

..., bevor wir *jedoch* etwas unternehmen, muss ich erst mit deinem Lehrer sprechen.

..., um *jedoch* reisen zu können[,] braucht man Geld und Zeit.

3. Mit einigen Konjunktionen bilden »doch« und »jedoch« Fügungen, die als Einheit empfunden werden. Das Komma steht vor »doch« bzw. »jedoch«:

Wir liefern Ihnen die bestellten Waren gern, *jedoch erst wenn* die Rechnung vom 3. 9. bezahlt ist.

3. »doch« bzw. »jedoch« gehört zum Hauptsatz, während die andere Konjunktion einen Nebensatz einleitet:

Wir liefern die bestellten Waren *jedoch* erst, *wenn* die Rechnung vom 3. 9. bezahlt ist.

4. »doch« oder »jedoch« schließt eine zusätzliche Beifügung an, die durch Komma abgetrennt wird:

Ein schönes, *jedoch* etwas überladenes Buntglasfenster schließt den Flur ab.

5. »doch« oder »jedoch« schließt einen beigeordneten Satzteil an, der durch Komma abgetrennt wird:

Das Zimmer ist klein, *jedoch* hell und liegt sehr zentral.

Es hat heftig, *jedoch* nur kurz geregnet.

Es hat geregnet, wenn schon nicht lange, so *doch* heftig. (Vgl. »wenn«, 6.)

Nicht alle, *jedoch* die meisten waren dafür.

Er hat mit dem Abteilungsleiter, *jedoch* nicht mit dem zuständigen Referenten gesprochen.

Sie ging an mir vorbei, *jedoch* ohne mich anzusehen.

Manchmal kann man ein zweites Komma setzen, um die Entgegensetzung als weniger wichtigen Zusatz zu kennzeichnen:

Sie hatten meine Schwester, *jedoch* nicht ihren Verlobten[,] zu dieser Party eingeladen.

Die meisten Eltern, *jedoch* auch einige Lehrer[,] waren dafür.

Sie waren arm, *jedoch* nicht unglücklich[,] und hatten viele Freunde.

6. Die Konjunktion »jedoch« schließt eine nachgestellte Erläuterung an, die in Kommas eingeschlossen wird:

Ich habe mehrmals, *jedoch* ohne Erfolg, auf den Widerspruch hingewiesen.

Meine Schwester, *jedoch* nicht ihren Verlobten, hatten sie eingeladen.

4. »doch« bzw. »jedoch« gehört zu einer Beifügung, die vor ihrem Bezugswort steht und nicht durch Komma abgetrennt wird:

Dieses *doch* recht überladene Buntglasfenster möchten wir gegen ein einfaches Fenster austauschen.

5. »doch« und »jedoch« sind ohne Komma in den Ablauf des Satzes einbezogen:

Das Zimmer ist *jedoch* hell.

Das war kein Gewitter, es hat *doch* nur kurz geregnet.

Die meisten waren *jedoch* dafür.

Ihren Verlobten *jedoch* hatten sie nicht eingeladen.

Es waren *jedoch* auch einige Lehrer dafür.

Sie waren arm und *doch* zufrieden.

Sie waren arm oder *doch* zumindest nicht wohlhabend.

Sie hatten meine Schwester eingeladen, *jedoch* nicht ihren Verlobten, und begründeten das nicht einmal.

7. Als Ausdruck einer Stellungnahme steht »doch« außerhalb des Satzes und wird durch Komma abgetrennt (vgl. 59):

Also *doch*, das habe ich mir gedacht!

Doch, doch, ich habe es versucht.

7. »doch« und »jedoch« sind ohne Komma in den Ablauf des Satzes einbezogen:

Das habe ich mir *doch* gedacht!

Ich habe es *doch* versucht.

---

ebenso:
→ genauso

ehe:
→ bevor

---

156   einerseits – and[e]rerseits/anderseits

1. Die mehrgliedrige Konjunktion »einerseits – and[e]rerseits/anderseits« verbindet aufgezählte Sätze oder Satzteile. Vor »and[e]rerseits/anderseits« steht immer ein Komma:

Einerseits wollte sie nicht drängen, *anderseits* hatte sie es eilig.

Er ist *einerseits* fleißig, *anderseits* aber auch verspielt.

Einerseits machte das Spaß, *andererseits* Angst.

2. Ist die Aufzählung nachgetragen, steht auch vor »einerseits« ein Komma:

Er ist ein merkwürdiger Mensch, *einerseits* fleißig, *anderseits* verspielt.

Ich fahre nach Italien, *einerseits* um mich zu erholen, *anderseits* um die Sprache zu lernen.

3. Das Wort »einerseits« kann fehlen. Vor »and[e]rerseits/anderseits« steht auch dann ein Komma:

Er hatte kein Geld, *anderseits* aber auch keine Lust auf die Reise zu verzichten.

1. Beide Teile der mehrgliedrigen Konjunktion können in den Ablauf ihrer Teilsätze einbezogen sein:

Sie wollte *einerseits* nicht drängen, hatte es aber *andererseits* eilig.

3. Das Wort »and[e]rerseits/anderseits« ist in den Ablauf des zweiten Satzes einbezogen:

Er ist sicher sehr fleißig, *anderseits* kann man nicht sagen, dass er sich überarbeitet.

4. Mit einigen Konjunktionen bilden »einerseits« und »and[e]rerseits/ anderseits« Fügungen, die als Einheit empfunden werden. Das Komma steht jeweils vor der Fügung:

Sie werden verkaufen, *einerseits weil* sie Geld brauchen, *andererseits weil* ihnen an dem Grundstück nichts liegt.

Er ist sicher sehr fleißig. Man kann *andererseits* aber nicht sagen, dass er sich überarbeitet.

4. »einerseits« und »and[e]rerseits/anderseits« gehören zum Hauptsatz. Die Nebensätze werden durch Komma abgetrennt bzw. in Kommas eingeschlossen:

Wir verkaufen *einerseits*, weil wir Geld brauchen, *andererseits*, weil uns an dem Grundstück nichts liegt.

---

einesteils – ander[e]nteils:
→ teils – teils

---

entweder – oder

1. Die mehrgliedrige Konjunktion »entweder – oder« verbindet aufgezählte Satzteile. Ist diese Aufzählung nachgetragen, steht vor »entweder« ein Komma:

Einer ist schuld, *entweder* Horst *oder* Hans.

Jemand muss mitkommen, *entweder* mein Vater *oder* meine Schwester *oder* der Hausmeister.

Sie wird anrufen, *entweder* um abzusagen *oder* um uns ihre Ankunftszeit mitzuteilen.

2. Die mehrgliedrige Konjunktion »entweder – oder« verbindet beigeordnete Hauptsätze. Das Komma vor »oder« ist freigestellt, vor weiteren »oder« ebenfalls:

Entweder kommt er sofort nach Hause[,] *oder* er trinkt noch ein Glas Bier.

Er kommt *entweder* sofort nach Hause[,] *oder* er trinkt noch ein Glas Bier.

1. Die mehrgliedrige Konjunktion »entweder – oder« verbindet ohne Komma aufgezählte Satzteile:

Er sagt jetzt *entweder* ja *oder* nein.

Entweder Horst *oder* Hans ist schuld.

Entweder mein Vater *oder* meine Schwester *oder* der Hausmeister muss mitkommen.

Er hatte vor[,] *entweder* sofort nach Hause zu kommen *oder* noch ein Glas Bier zu trinken.

Sie wird *entweder* anrufen[,] um abzusagen[,] *oder*[,] um uns ihre Ankunftszeit mitzuteilen.

2. Die mehrgliedrige Konjunktion »entweder – oder« verbindet Nebensätze gleichen Grades. Nur vor »entweder« steht ein Komma:

Sie sagte, *entweder* komme er sofort nach Hause *oder* er trinke noch ein Glas Bier.

Entweder schläft er schon[,] *oder* er sitzt vor dem Fernseher[,] *oder* er ist ausgegangen.

Sie vermutete, *entweder* schlafe er schon *oder* er sitze vor dem Fernseher *oder* er sei ausgegangen.

3. Mit einigen Konjunktionen bilden »entweder« und »oder« Fügungen, die als Einheit empfunden und nicht durch Komma geteilt werden:

Er will herkommen, *entweder weil* er Geld braucht *oder weil* er in der Klemme steckt.

Entweder wenn sie den Preis bekommt *oder wenn* sie die Dankrede hält, musst du sie fotografieren.

3. »entweder« und »oder« gehören zum Hauptsatz. Die Nebensätze werden durch Komma abgetrennt bzw. in Kommas eingeschlossen:

Er kommt *entweder*, weil er Geld braucht, *oder*, weil er in der Klemme steckt.

Du musst sie *entweder*, wenn sie den Preis bekommt, *oder*, wenn sie die Dankrede hält, fotografieren.

---

erst – dann:
→ dann

falls:
→ wenn, 1 und 3

---

158   **genauso**
(Die Beispiele gelten auch für »ebenso« und »geradeso«;
»ähnlich wie« wird behandelt wie »genauso wie«.)

---

1. Als vorangestelltes Adverb schließt »genauso« einen beigeordneten Satz an, der durch Komma abgetrennt wird:

Seine Leistungen in Physik und Mathematik sind ungenügend, *genauso* hapert es in Latein und Französisch.

1. Das Adverb »genauso« ist in den Ablauf des Satzes einbezogen:

Seine Leistungen in Physik und Mathematik sind ungenügend, in Latein ist es *genauso* / in Latein ist er *genauso* schlecht.

2. Die Fügung »genauso wie« schließt einen untergeordneten Vergleichssatz an, der durch Komma abgetrennt wird (vgl. »so«, 2):

Er musste auf Alkohol verzichten, *genauso wie* er schon früher das Rauchen hatte aufgeben müssen.

Er packt die Dinge energisch an, *genauso wie* ich es gemacht hätte.

2. »genauso« gehört zum Hauptsatz, während »wie« einen untergeordneten Vergleichssatz einleitet. Das Komma steht vor »wie«:

Er musste auf Alkohol *genauso* verzichten, *wie* er schon früher das Rauchen hatte aufgeben müssen.

Er macht das *genauso*, *wie* ich es gemacht hätte.

3. Als vorangestelltes Adverb schließt »genauso [wie]« eine nachgestellte Erläuterung an, die durch Komma abgetrennt bzw. in Kommas eingeschlossen wird:

3. »genauso [wie]« verbindet ohne Komma Satzteile:

Paul wurde schnell befördert, *ge-nauso* [aber] seine beiden Kollegen.

Paul, *genauso* [aber] seine beiden Kollegen, wurde schnell befördert.

Paul wurde[,] *genauso wie* seine beiden Kollegen[,] schnell befördert. (Vgl. 66.)

Wir hatten[,] *genauso wie* schon im letzten Jahr[,] einen schönen Herbst. (Vgl. 66.)

Das Essen schmeckt fad, *genauso wie* gestern.

Beim Treppensteigen wurde ihr leicht schwindlig, *genauso wie* im fahrenden Auto.

Paul wurde schnell befördert und *genauso* seine beiden Kollegen / und seine beiden Kollegen *genauso*.

Er macht das *genauso wie* ich damals.

Das Essen schmeckt *genauso* [schlecht] *wie* gestern.

4. Eine Wortgruppe mit »genauso wie« am Satzanfang wird nicht durch Komma abgetrennt (vgl. »so«, 5):

Genauso wie seine beiden Kollegen wurde Paul schnell befördert.

Genauso wie im letzten Jahr hatten wir einen schönen Herbst.

geradeso:
→ genauso

159   **geschweige [denn]**
(Zu »geschweige [denn] dass« vgl. »dass«, 2.)

Die Konjunktion »geschweige [denn]« schließt im Sinne von »noch weniger« einen Satzteil an, der durch Komma abgetrennt wird:

Ich kann kaum gehen, *geschweige [denn]* Treppen steigen.

Ich habe ihn nicht sehen, *geschweige [denn]* sprechen können.

Es gab fast niemanden, der davon wusste, *geschweige [denn]* darüber nachgedacht hätte.

Über solche Dinge hätte er kaum mit einem Freund, *geschweige [denn]* mit einem Fremden gesprochen.

Er sprach einige kaum hörbare, *geschweige [denn]* verständliche Worte.

Konjunktionstabellen

halb – halb

1. Die mehrgliedrige Konjunktion »halb – halb« verbindet aufgezählte Sätze oder Satzteile. Das Komma steht vor dem zweiten »halb«:

Halb hatte er zugestimmt, *halb* widerstrebte ihm die Art ihres Vorgehens.

Er sprach mit *halb* amüsierter, *halb* ärgerlicher Miene.

Er sah mich *halb* amüsiert, *halb* ärgerlich an.

2. Ist die Aufzählung nachgetragen, steht steht auch vor dem ersten »halb« ein Komma:

Er sah mich an, *halb* amüsiert, *halb* ärgerlich.

Die Zentauren sind Gestalten der griechischen Sage, *halb* Pferd, *halb* Mensch.

---

hingegen

1. Das Adverb »hingegen« schließt einen beigeordneten (häufig verkürzten) Satz an, der durch Komma abgetrennt wird:

Ilona turnt nicht gern, *hingegen* ist sie gut im Schwimmen.

Karin ist blond, *hingegen* [ist] ihre Schwester dunkelhaarig.

2. Das Adverb »hingegen« ist Teil einer nachgestellten Erläuterung, die durch Komma abgetrennt bzw. in Kommas eingeschlossen wird:

Mit kurzen Anweisungen, *hingegen* ohne sichtbare Bewegungen, lenkte er den Einsatz der Maschine.

1. Das Adverb »hingegen« ist ohne Komma in den Ablauf des Satzes einbezogen:

Ilona ist gut im Schwimmen, im Turnen *hingegen* [ist sie] eher schwach.

Ilona ist gut im Schwimmen, im Turnen *hingegen* nicht.

Karin ist blond, ihre Schwester *hingegen* [ist] dunkelhaarig.

Karin ist blond, ihre Schwester *hingegen* nicht.

---

insbesondere
→ besonders

62   insofern [als] / insoweit [als]

. Die Konjunktionalfügungen
insofern als« und »insoweit als«
eiten einen untergeordneten ein-
chränkenden Modalsatz (Um-
tandssatz) ein, der durch Komma
bgetrennt wird. Vor »als« kann
in zusätzliches Komma gesetzt
werden (→ »als«, 1):

1. »insofern« oder »insoweit« ist
als Adverb in den Hauptsatz einbezogen, »als« leitet mit Komma
einen untergeordneten Vergleichssatz (→ »als«, 2) ein:

r hatte gut vorgesorgt, *insofern[,] als*
r schon im Februar das Ferienquar-
er bestellt hatte.

Er hatte *insofern* gut vorgesorgt,
als er schon im Februar das Ferienquartier bestellt hatte.

nsofern[,] als du an seine Rückkehr
laubst, hast du dich gründlich
eirrt.

Du hast dich *insofern* gründlich
geirrt, *als* du an seine Rückkehr
glaubst.

er Richter kann unabhängig ent-
cheiden, *insoweit[,] als* er im Rah-
en des Gesetzes bleibt.

Der Richter kann *insoweit* unabhängig entscheiden, *als* er im Rahmen
des Gesetzes bleibt.

. Auch ohne »als« leiten die Kon-
unktionen »insofern« und »inso-
veit« einen untergeordneten
Modalsatz ein:

2. Auch als Adverb kann »insofern«
oder »insoweit« allein auftreten:

h hatte keinen Grund zum Mißtrau-
a, *insofern* Karl nur selten Geld in die
and bekam.

Ich hatte *insofern* keinen Grund zum
Mißtrauen.

soweit es nur Reisebeschreibung
ein will, ist das Buch ganz gut.

Insofern hat er sicher recht.

Das Buch ist *insoweit* ganz gut.

63   ja

Als vorangesstelltes, den Aus-
ruck steigerndes Adverb schließt
a« einen beigeordneten Satz oder
atzteil (vgl. 41) an, der durch
omma abgetrennt wird:

h schätze ihn, *ja* ich verehre ihn
nd bin stolz auf seine Freund-
chaft.

h schätze, *ja* verehre ihn und bin
olz auf seine Freundschaft.

s war ein kleines, *ja* [geradezu] win-
ges Haus.

s blieb ihm nichts übrig als alles
verkaufen, *ja* zu verschleudern.

2. Als Ausdruck einer Stellungnahme steht »ja« außerhalb des Satzes und wird durch Komma abgetrennt bzw. in Kommas eingeschlossen (vgl. 59):

Ja, das wird gehen.

Ja, ich komme mit.

Ja, das waren noch Zeiten!

Ja, natürlich ist er das!

Du bleibst noch ein bisschen bei mir, *ja*?

Es blieb ihm nichts übrig als alles zu verkaufen, *ja*, zu verschleudern.

Kommst du? Wenn das Wetter gut ist, *ja*.

2. Das Adverb »ja« ist ohne Komma in den Ablauf des Satzes einbezogen:

Es geht *ja*!

Ich will *ja* mitkommen, aber ich kann nicht.

Ja das waren noch Zeiten!

Ja natürlich!

Ja wenn das so ist, bleibe ich gern noch ein bisschen.

Er musste *ja* alles verkaufen.

Lass das *ja* sein!

---

164 | **je – desto / je – je / je – umso**

1. Die Konjunktion »je« leitet mit Komma einen untergeordneten Proportionalsatz (Verhältnissatz) ein, dem im Hauptsatz → »desto« oder → »umso« entspricht. Der Nebensatz wird durch Komma abgetrennt bzw. in Kommas eingeschlossen:

Je älter er wird, *desto* bescheidener wird er.

Er wird *desto* bescheidener, *je* älter er wird.

Je länger ich ihn kenne, *umso* lieber habe ich ihn.

Ich habe ihn *umso* lieber, *je* länger ich ihn kenne und *je* mehr ich von ihm weiß.

2. Die mehrgliedrigen Konjunktionen »je – desto / je – je / je – umso« verbinden Satzteile. Vor dem zweiten Teil der Konjunktion steht immer ein Komma:

Ich bin *je* länger, *je* mehr von seiner Ehrlichkeit überzeugt.

1. Die Konjunktion »je« ist Teil einer Fügung, die als Einheit empfunden und nicht durch Komma geteilt wird:

Denn *je* mehr er darüber nachdachte, *desto* klarer erkannte er seinen Fehler.

Aber *je* länger ich ihn kenne, *umso* lieber habe ich ihn.

Wir haben *je* länger, *desto* lieber hier gewohnt.

3. Ist die Aufzählung nachgetragen, steht auch vor dem ersten »je« ein Komma:

Ich möchte ein Schnitzel, *je* größer, *desto* besser.

je nachdem ob:
→ ob, 2

jedoch:
→ doch / jedoch

---

165   **mal – mal**
(Die Beispiele gelten auch für »bald – bald«.)

1. Die mehrgliedrige Konjunktion »mal – mal« verbindet aufgezählte Sätze oder Satzteile. Vor dem zweiten (und dritten) »mal« steht immer ein Komma:

Mal ist er hier, *mal* dort.

Wir haben *mal* drinnen, *mal* draußen gesessen.

Mal lacht der Kleine, *mal* weint er, *mal* schreit er nach der Mutter.

2. Ist die Aufzählung nachgetragen, steht steht auch vor dem ersten »mal« ein Komma:

Wir haben hier oft mit Gästen gegessen, *mal* drinnen, *mal* draußen.

---

166   **nachdem**

1. Die Konjunktion »nachdem« leitet einen untergeordneten Temporalsatz (Zeitsatz) ein, der durch Komma abgetrennt bzw. in Kommas eingeschlossen wird:

Er brach völlig zusammen, *nachdem* er von Michaels Tod erfahren hatte.

1. Die Konjunktion »nachdem« ist Teil einer Fügung, die als Einheit empfunden und nicht durch ein Komma geteilt wird:

Es ging ihm ohnehin schlecht, *aber nachdem* er von Michaels Tod erfahren hatte, brach er völlig zusammen.

Nachdem sie den Hörer aufgelegt hatte, notierte sie sich den Namen.

Sie notierte sich, *nachdem* sie den Hörer aufgelegt hatte, den Namen.

Gleich nachdem sie den Hörer aufgelegt hatte, notierte sie sich den Namen.

Sie notierte sie sich den Namen erst nach dem Gespräch, *also erst nachdem* sie den Hörer aufgelegt hatte.

Drei Wochen nachdem der Sohn zurückgekehrt war, starb die Mutter.

Die Mutter starb [erst], *drei Wochen nachdem* der Sohn zurückgekehrt war (wann?).

Nicht: Die Mutter starb drei Wochen (wie lange?), nachdem ...

2. In einigen Fügungen kann vor »nachdem« ein zusätzliches Komma gesetzt werden:

Er war sehr froh, *besonders [,] nachdem* er deinen Brief gelesen hatte.

Weitere Beispiele für solche Fügungen:

beispielsweise[,] nachdem; und zwar[,] nachdem; vor allem[,] nachdem; zum Beispiel[,] nachdem.

---

namentlich:
→ besonders

---

1. Das Adverb »nämlich« steht am Anfang (seltener am Ende) einer nachgestellten Erläuterung, die durch Komma abgetrennt bzw. in Kommas eingeschlossen wird:

Der Minister nahm ebenfalls an der Besprechung teil, *nämlich* als Parteivorsitzender.

Ich werde später fahren, *nämlich* morgen früh.

Ein Verwandter, der Bruder seiner Mutter *nämlich*, ist bei der Firma Personalchef.

Die dritte Gruppe, *nämlich* Physiker und Chemiker, hielt ihre Kolloquien im Laborgebäude.

1. Das Adverb »nämlich« ist in den Ablauf des Satzes einbezogen:

Auch der Minister war da. Er nahm *nämlich* als Parteivorsitzender teil.

Ich komme erst in der Nacht an; ich fahre *nämlich* später.

Der Bruder seiner Mutter ist *nämlich* bei der Firma Personalchef.

Alle Räume waren belegt. Die dritte Gruppe *nämlich*, Physiker und Chemiker, war die größte.

Nur ein Grundstück, das von Müllers *nämlich*, ist nicht betroffen.

Sie hat eine wichtige Aufgabe, *nämlich* die Produktion zu überwachen, und erfüllt sie zu unserer Zufriedenheit.

Robert tut das zu einem bestimmten Zweck, *nämlich* um sich unentbehrlich zu machen.

2. Als vorangestelltes Adverb schließt »nämlich« eine zusätzliche Beifügung an, die durch Komma abgetrennt wird:

Das ist ein besseres, *nämlich* umweltfreundliches Verfahren.

3. Mit einigen Konjunktionen bildet »nämlich« eine Fügung, die als Einheit empfunden wird. Das Komma steht vor »nämlich«, nach »nämlich« kann ein zusätzliches Komma gesetzt werden:

3. »nämlich« ist Bestandteil des Hauptsatzes, während die Konjunktion einen Nebensatz einleitet. Das Komma steht vor der Konjunktion:

Ich hatte ihm noch etwas Unangenehmes mitzuteilen, *nämlich[,] dass* seine Anwesenheit nicht erwünscht sei.

Ich sagte ihm *nämlich, dass* seine Anwesenheit nicht erwünscht sei.

Die Auffahrunfälle passieren fast alle in der gleichen Situation, *nämlich[,] wenn* plötzlich Nebel aufkommt. (Vgl. aber »dann«, 4.)

Die Auffahrunfälle passieren *nämlich, wenn* plötzlich Nebel aufkommt.

Weitere Beispiele für solche Fügungen:

nämlich[,] als; nämlich[,] damit; nämlich[,] weil

4. »nämlich« ist zweiter Bestandteil einer Konjunktionalfügung, die als Einheit empfunden wird. Das Komma steht vor der Konjunktion:

4. Das Adverb »nämlich« ist in den Ablauf des Nebensatzes einbezogen:

Diese Erkenntnis, *dass nämlich* seine Gesundheit ernstlich bedroht war, war ein Schock für ihn.

Diese Erkenntnis, dass seine Gesundheit *nämlich* ernstlich bedroht war, war ein Schock für ihn.

Ich habe viel Zeit, *weil nämlich* die Kinder im Zeltlager sind.

Ich habe viel Zeit, weil die Kinder *nämlich* im Zeltlager sind.

Weitere Beispiele für solche Fügungen:

als nämlich; ob nämlich; wenn nämlich

> **nicht – doch:**
> → weder – noch
>
> **nicht nur – aber:**
> → aber, 5

---

    nicht nur/nicht allein – [sondern] auch

1. Die mehrgliedrige Konjunktion »nicht nur/nicht allein – [sondern] auch« verbindet aufgezählte Sätze oder Satzteile. Ist diese Aufzählung nachgetragen, steht vor beiden Teilen der Konjunktion ein Komma:

An dem Wagen ist Verschiedenes nicht in Ordnung, *nicht nur* der Anlasser, *[sondern] auch* das Getriebe.

An dem Wagen ist Verschiedenes nicht in Ordnung, *nicht nur* der Anlasser ist kaputt, *[sondern] auch* das Getriebe hat Schaden genommen.

Sie sollen auch künftig unser Kunde sein, *nicht nur* jetzt, *sondern auch* in den nächsten Jahren.

Ich fahre nach Italien, *nicht nur* um mich zu erholen, *sondern auch* um die Sprache zu lernen.

2. Mit einigen Konjunktionen bilden »nicht nur/nicht allein« und »[sondern] auch« Fügungen, die als Einheit empfunden werden. Das Komma steht jeweils vor der Fügung:

Sie werden verkaufen, *nicht nur weil* sie Geld brauchen, *sondern auch weil* ihnen an dem Grundstück nichts liegt.

1. Die mehrgliedrige Konjunktion »nicht nur/nicht allein – [sondern] auch« verbindet aufgezählte Sätze oder Satzteile. Nur vor »sondern auch« steht ein Komma:

Das ist ein *nicht nur* gutes, *sondern auch* billiges Verfahren.

An dem Wagen ist *nicht nur* der Anlasser, *sondern auch* das Getriebe nicht mehr in Ordnung.

Nicht nur der Anlasser, *[sondern] auch* das Getriebe ist kaputt.

Nicht nur der Anlasser ist kaputt, *[sondern] auch* das Getriebe hat Schaden genommen.

Sie sollen *nicht nur* jetzt, *sondern auch* in den nächsten Jahren unser Kunde sein.

Ich fahre *nicht nur* nach Italien[,] um mich zu erholen, *sondern auch*[,] um die Sprache zu lernen.

2. »nicht nur/nicht allein« und »[sondern] auch« gehören zum Hauptsatz. Die Nebensätze werden durch Komma abgetrennt bzw. in Kommas eingeschlossen:

Wir verkaufen *nicht nur*, weil wir Geld brauchen, *sondern auch*, weil uns an dem Grundstück nichts liegt.

> **nicht – sondern:**
> → sondern
>
> **noch:**
> → weder – noch

1. Das Adverb »nur« schließt einen beigeordneten Satz an, der durch Komma abgetrennt wird:

Alle kamen mit, *nur* Marie hatte keine Lust.

Herr Schröder ist ein guter Mitarbeiter, *nur* sollte er etwas kollegialer sein. (Auch schon als Konjunktion:)
..., *nur* er sollte etwas kollegialer sein.

2. Das Adverb »nur« schließt eine nachgestellte Erläuterung an, die durch Komma abgetrennt bzw. in Kommas eingeschlossen wird:

Alle kamen mit, *nur* Marie nicht.

Ich bin nicht krank, *nur* müde, und habe wohl zuviel gearbeitet.

Der Wagen ist nicht neu, *nur* sehr gut gepflegt.

Du sollst freundlich und entgegenkommend sein, *nur* nicht allzu nachgiebig.

Alles, *nur* nicht das!

Sie kam extra aus Bremen, *nur* um sich bei mir zu entschuldigen.

Sie kam, *nur* um sich bei mir zu entschuldigen, extra aus Bremen.

3. Das Adverb »nur« schließt eine zusätzliche Beifügung an, die durch Komma abgetrennt wird:

Sie ist eine kompetente, *nur* etwas langsame Mitarbeiterin.

4. Mit einigen Konjunktionen bildet »nur« eine Fügung, die als Einheit empfunden wird. Das Komma steht vor »nur«:

Er wurde schwer verletzt, *nur weil* er nicht angeschnallt war.

Die Straßen sind schneefrei, *nur wenn* sich Glatteis bildet, musst du achtgeben.

Weitere Beispiele für solche Fügungen:

nur als; nur dass; nur ob; nur warum; nur wo

1. Das Adverb »nur« ist in den Ablauf des Satzes einbezogen:

Alle kamen mit und *nur* Marie hatte keine Lust.

Herr Schröder ist ein guter Mitarbeiter und sollte *nur* etwas kollegialer sein.

2. Das Adverb »nur« ist in den Ablauf des Satzes einbezogen:

Nur Marie kam nicht mit.

Ich bin *nur* müde, nicht krank.

Der Wagen ist nicht neu, er wurde *nur* sehr gut gepflegt.

Du kannst freundlich und entgegenkommend sein, aber sei *nur* nicht allzu nachgiebig!

Tu mir *nur* das nicht an!

Sie kam *nur[,]* um sich bei mir zu entschuldigen.

4. Beide Wörter sind eigenständig. Das Komma steht vor der Konjunktion:

Zu dem Unfall kam es *nur, weil* er zu schnell gefahren ist.

Ich fahre *nur, wenn* die Straßen schneefrei sind.

ob

1. Die unterordnende Konjunktion »ob« leitet einen indirekten Fragesatz ein, der durch Komma abgetrennt bzw. in Kommas eingeschlossen wird:

Man weiß nicht, *ob* er kommt.

Ob er kommt, weiß man nicht.

Ich frage mich, *ob* sich das lohnt und *ob* ich mitmachen soll.

Ob du mitfahren willst, habe ich gefragt.

Auf meine Frage, *ob* er dich gesehen habe, antwortete er ausweichend.

2. In der Fügung »je nachdem ob« kann vor »ob« ein zusätzliches Komma gesetzt werden:

Ich werde ihnen gegenüber abweisend oder entgegenkommend sein, *je nachdem[,] ob* sie hartnäckig oder sachlich sind.

3. In den ob-Sätzen erscheint oft ein »oder«, das aber nur Satzteile verbindet und nicht besonders abgetrennt wird:

Ob ich jetzt gehe oder später, [das] ist gleichgültig.

Sie mussten sich fügen, *ob* es ihnen passte oder nicht.

Ein solcher Satz wird auch dann durch Komma abgetrennt bzw. in Kommas eingeschlossen, wenn er unvollständig ist:

Ob jetzt oder später, ist gleichgültig.

Kein Baum, *ob* Buche oder Kiefer, hielt dem Sturm stand.

4. Mehrere unvollständige ob-Sätze können aneinander gereiht sein (»ob – ob«). Auch dann wird jeder durch Komma abgetrennt bzw. in Kommas eingeschlossen:

Alle kamen mit, *ob* alt, *ob* jung.

1. Die Konjunktion »ob« ist Teil einer Fügung, die als Einheit empfunden und nicht durch ein Komma geteilt wird:

Denn ob er kommen würde, wusste man noch nicht.

Er hat einen Brief geschrieben, *aber ob* er kommt, weiß man nicht.

Lohnt sich das? *Und ob!*

Ich fahre mit, *und ob!* (Vgl. 59.)

→ als ob

2. »je nachdem« gehört zum Hauptsatz, während »ob« einen Nebensatz einleitet. Das Komma steht vor »ob«:

Wir entscheiden uns *je nachdem, ob* es uns gefällt.

Alle, *ob* alt, *ob* jung, *ob* Mann, *ob* Frau, kamen mit.

Ob alt, *ob* jung, alle kamen mit.

---

ob – ob:
→ ob, 4

obgleich / obschon:
→ obwohl

---

171   **obwohl**
(Die Beispiele gelten auch für »obschon, obgleich, obzwar, wenngleich, wiewohl«.)

1. Die Konjunktion »obwohl« leitet einen untergeordneten Konzessivsatz (Einräumungssatz) ein, der durch Komma abgetrennt bzw. in Kommas eingeschlossen wird:

Er kam sofort, *obwohl* er nicht viel Zeit hatte.

Obwohl er nicht viel Zeit hatte, kam er sofort.

Sie lief ohne Mantel hinaus, und das[,] *obwohl* es schneite. (Vgl. »und«, 4.)

Auch ein unvollständiger obwohl-Satz wird durch Komma abgetrennt bzw. in Kommas eingeschlossen:

Der junge Mann, *obwohl* angetrunken, benahm sich tadellos.

2. »obwohl« schließt eine zusätzliche Beifügung an, die durch Komma abgetrennt wird:

Das ist ein billiges, *obwohl* aufwendiges Verfahren.

1. Die Konjunktion »obwohl« ist Teil einer Fügung, die als Einheit empfunden und nicht durch ein Komma geteilt wird:

Aber obwohl er nicht viel Zeit hatte, kam er sofort.

Er kam sofort[,] *und obwohl* er nicht viel Zeit hatte, blieb er eine Stunde. (Vgl. »und«, 9.)

---

obzwar:
→ obwohl

oder:
→ und / oder, → entweder – oder

ohne dass:
→ dass, 1

selbst wenn:
Wird wie »auch wenn« behandelt:→ auch, 4

131

Konjunktionstabellen

1. Als Adverb nimmt »so« am Anfang eines Hauptsatzes die Beziehung zum vorangehenden Haupt- oder Nebensatz auf:

Saß er am Schreibtisch, *so* wollte er nicht gestört werden. (Für: »dann«.)

Du warst nicht da, *so* bin ich allein spazieren gegangen. (Für: »also«, »deshalb«.)

»Diese Schufte!«, *so* rief er immer wieder.

Wie man sich bettet, *so* liegt man.

Ein solcher Satz kann auch unvollständig sein:

Steuererhöhungen, *so* der Autor weiter, bewirken das Gegenteil.

2. Mit → »wie, 3«, → »als ob / als wenn / als« und »dass« bildet »so« Fügungen, die als Einheit empfunden werden. Das Komma steht vor »so«:

Er ging mit, *so wie* er war.

So wie du angezogen bist, wird man dich nicht in das Lokal lassen.

Er musste auf Alkohol verzichten, *so wie* er schon früher das Rauchen hatte aufgeben müssen.

Das Mädchen lief über das Seil, *so als ob* es keinen Abgrund gäbe / *so als* gäbe es keinen Abgrund.

Sie hob die Hand, *so als wenn* sie einen Schlag abwehren wollte / *so als* wollte sie einen Schlag abwehren.

Die Sonne blendete ihn, *so dass* (auch: → *sodass*) er nichts mehr sehen konnte.

3. In Verbindung mit einem Adjektiv oder Adverb schließt »so« mit Komma einen untergeordneten Konzessivsatz (Einräumungssatz) oder Modalsatz (Umstandssatz) an:

Ich muss leider absagen, *so* gern ich auch mitkäme.

1. Das Adverb »so« ist ohne Komma in den Satz einbezogen (vgl. auch → »wie«, 2):

Hier liegt man *so* weich wie auf Samt.

2. »so« ist in den Hauptsatz einbezogen, während »wie«, »als ob / als wenn / als« oder »dass« einen Nebensatz einleiten und durch Komma abgetrennt werdem:

Er ging *so* mit, *wie* er war.

Die Wohnung war noch genau *so, wie* er sie verlassen hatte.

Er macht das *so, wie* ich es gemacht hätte.

Er tut *so, als ob* er kein Geld hätte / *als* hätte er kein Geld.

Sie hob die Hand *so, als wenn* sie einen Schlag abwehren wollte / *als* wollte sie einen Schlag abwehren.

Die Sonne blendete ihn *so, dass* er nichts mehr sehen konnte.

3. Das Adverb »so« ist ohne Komma in den Satz einbezogen:

Ich käme *so* gern mit!

Lauf, *so schnell* du kannst, und sag Claudia Bescheid!

Er arbeitet auch mit Grippe, *so gut* es eben geht.

Er sah, *so weit* das Auge reichte, nur Sand.

Lauf *so* schnell wie möglich.

Lauf *so* schnell, wie du kannst.

4. Das Adverb »so« nimmt als hinweisendes Wort einen vorangehenden Satzteil auf. Vor »so« steht ein Komma (vgl. 42 und »wie«, 6):

Wie ich, *so* wartet auch mein Bruder auf Antwort vom Ausgleichsamt.

Wie im letzten Jahr, *so* hatten wir auch diesmal einen schönen Herbst.

Mit Halbschuhen und in leichten Anoraks, *so* wollten die ahnungslosen Touristen über den Gletscher wandern.

Aus vollem Halse lachend, *so* kam sie auf mich zu (vgl. 114).

Nachtwanderungen und Schatzsuche, *so* etwas macht Kindern Spaß.

Es hat geregnet, wenn schon nicht lange, *so* doch heftig (vgl. »wenn«, 6).

4. Das Adverb »so« ist ohne Komma in den Satz einbezogen:

Er wartet *so* wie ich auf Antwort.

So wie im letzten Jahr hatten wir auch diesmal einen schönen Herbst.

Und *so* wollten die Touristen über den Gletscher wandern?

Kindern macht *so* etwas Spaß.

5. »so« oder »so wie« leiten eine nachgestellte Erläuterung ein, die durch Komma abgetrennt bzw. in Kommas eingeschlossen wird:

Man wird die Meeresschildkröten jagen, bis sie, *so wie* Dronten und Wandertauben, ausgerottet sind.

Man wird die Meeresschildkröten[,] *so wie* Dronten und Wandertauben[,] ausrotten. (Vgl. 66.)

Dieses Jahr, *so wie* schon im letzten Jahr, hatten wir einen schönen Herbst.

Wir hatten[,] *so wie* schon im letzten Jahr[,] einen schönen Herbst. (Vgl. 66.)

Er wartet auf Antwort, *so wie* ich.

Er wartet[,] *so wie* ich[,] auf Antwort. (Vgl. 66.)

5. Eine Wortgruppe mit »so« oder »so wie« am Satzanfang wird nicht durch Komma abgetrennt (vgl. »wie«, 6):

So wie Dronten und Wandertauben wird man auch die Meeresschildkröten ausrotten.

So wie schon im letzten Jahr hatten wir auch dieses Jahr einen schönen Herbst.

So wie ich wartet auch er auf Antwort.

Hier gibt es Vögel, *so* bunt *wie* Papageien.

Viele Familien sind von hier weggezogen, *so* auch / *so* zuletzt die Familie Krämer.

So bunt *wie* Papageien sind diese Vögel.

6. Formelhafte Partizipgruppen mit »so« brauchen nicht durch Komma abgetrennt bzw. in Kommas eingeschlossen zu werden:

Das Testergebnis ist[,] *so* gesehen[,] zweifelhaft.

So verstanden[,] ist dieses Buch auch eine politische Anklage.

so als:
→ als, 3; → so, 2

so als ob / so als wenn:
→ als ob / als wenn, 2; → so, 2

sobald:
→ sowie, 2

---

173 **sodass (auch: so dass)**

Die Konjunktion »sodass« leitet einen untergeordneten Konsekutivsatz (Folgesatz) ein, der durch Komma abgetrennt bzw. in Kommas eingeschlossen wird:

Die Sonne blendete ihn, *sodass* (oder: *so dass*) er nichts mehr sehen konnte.

Er sprach sehr leise, *sodass* (oder: *so dass*) ihn niemand verstand.

»so« ist Teil des Hauptsatzes, während »dass« einen untergeordneten Konsekutivsatz (Folgesatz) einleitet. Das Komma steht vor »dass«:

Die Sonne blendete ihn *so, dass* er nichts mehr sehen konnte.

Er sprach *so* leise, *dass* ihn niemand verstand.

---

174 **sondern**
(Vgl. auch »nicht nur – sondern auch«.)

1. Die Konjunktion »sondern« schließt einen beigeordneten Satzteil oder Satz an, der durch Komma abgetrennt wird:

Das ist keine schwarze, *sondern* eine graue Hose.

Diese Hose ist nicht schwarz, *sondern* grau und hat auch keine Bundfalten.

Nicht das Stück, *sondern* die Aufführung war schlecht.

Er hat keinen Lieferwagen, *sondern* nur einen Pkw und kann das Gerät deshalb nicht transportieren.

Ich fahre nicht nach Italien[,] um mich zu erholen, *sondern* um die Sprache zu lernen.

Er wollte noch nicht nach Hause, *sondern* ging in ein anderes Lokal.

Man konnte den Generator nicht mit dem Auto transportieren, *sondern* er musste auf ein Spezialfahrzeug der Bahn geladen werden.

2. Mit einigen Konjunktionen bildet »sondern« eine Fügung, die als Einheit empfunden wird. Das Komma steht vor »sondern«:

Ich habe nicht gefragt, wohin du fährst, *sondern wie* du die Reise bezahlen willst.

Die Frage ist nicht, ob ich verreise, *sondern ob* ich mit dem Auto oder mit der Bahn fahre.

Er tut das nicht dir zuliebe, *sondern weil* er selbst davon profitiert.

---

175   sowie

1. Vor der aufzählenden Konjunktion »sowie« steht ein Komma, wenn ein Zwischensatz oder Einschub vorausgeht (vgl. »und/oder«, 2):

Der Auftrag betrifft das Liefern und Montieren der Maschinen, was etwa drei Tage dauern wird, *sowie* die Wartung.

Die Neuanschaffungen betreffen die Gebiete Philologie und Geschichte, besonders Kulturgeschichte, *sowie* Pädagogik, Psychologie und Medizin.

1. Die Konjunktion »sowie« verbindet ohne Komma Satzteile. Sie steht anstelle von »und« oder im Wechsel mit »und« zur Gliederung in längeren Aufzählungen:

Der Auftrag betrifft Liefern, Montieren *sowie* Warten der Maschinen.

Die Neuanschaffungen betreffen die Gebiete Philosophie, Philologie und Geschichte *sowie* Pädagogik, Psychologie und Medizin.

Die Bibliothek enthält biologische *sowie* medizinische Fachbücher.

Ich fahre nach Italien[,] um mich zu erholen *sowie* um die Sprache zu lernen.

2. Die Konjunktion »sowie« verbindet ohne Komma Nebensätze gleichen Grades (vgl. aber 126):

Diese Bestimmung gilt, wenn Kleingärten neu angelegt *sowie* wenn vorhandene Kleingärten erweitert werden.

3. Die Konjunktion »sowie« leitet im Sinne von »sobald« einen untergeordneten Temporalsatz (Zeitsatz) ein, der durch Komma abgetrennt bzw. in Kommas eingeschlossen wird:

Er verließ den Ballsaal, *sowie* er sie hereinkommen sah.

Das Buch wird Ihnen, *sowie* es erschienen ist, zugeschickt.

3. Die Konjunktion »sowie« ist Teil einer Fügung, die als Einheit empfunden und nicht durch ein Komma geteilt wird:

Er schien sich zu amüsieren, *doch sowie* er sie hereinkommen sah, verließ er den Ballsaal.

Das Buch ist noch nicht lieferbar, *aber sowie* es erschienen ist, wird es Ihnen zugeschickt.

Das Buch wird Ihnen schnellstmöglich zugeschickt, *also sowie* es erschienen ist.

---

176   **sowohl – als [auch]/wie [auch]**

1. Die mehrgliedrige Konjunktion »sowohl – als [auch]/wie [auch]« verbindet aufgezählte Satzteile. Ist diese Aufzählung nachgetragen, steht vor »sowohl« ein Komma:

Er spielt beide Instrumente, *sowohl* Geige *als auch* Klavier.

Diese Bestimmung gilt generell, *sowohl* bei der Neuanlage *als auch* bei der Erweiterung von Kleingärten.

1. Die mehrgliedrige Konjunktion »sowohl – als [auch]/wie [auch]« verbindet ohne Komma aufgezählte Satzteile:

Er spielt *sowohl* Geige *als auch* Klavier.

Dieser Fehler war *sowohl* ihm *als* seiner Frau sehr peinlich.

Diese Bestimmung gilt *sowohl* bei der Neuanlage *als auch* bei der Erweiterung von Kleingärten.

Der Staat unterstützt *sowohl* die öffentlichen Organisationen *wie* die privaten Verbände.

Die Familie fühlte sich verschiedenen Seiten verpflichtet, *sowohl* der Firma *wie auch* dem Verein *wie auch* den vielen Freunden gegenüber.

Die Familie fühlte sich *sowohl* der Firma *wie auch* dem Verein *wie auch* den vielen Freunden gegenüber verpflichtet.

Ich beauftrage Sie[,] die Geräte *sowohl* zu liefern *als auch* zu montieren.

Ich plane[,] *sowohl* eine Rundreise zu machen *als auch* einen Sprachkurs zu besuchen.

Ich fahre nach Italien, *sowohl* um mich zu erholen *als auch* um die Sprache zu lernen.

Ich fahre *sowohl* nach Italien[,] um mich zu erholen[,] *als auch*[,] um die Sprache zu lernen.

2. Mit einigen Konjunktionen bilden »sowohl« und »als [auch]/wie [auch]« Fügungen, die als Einheit empfunden und nicht durch Komma geteilt werden:

2.«sowohl« und »als [auch]/wie [auch]« gehören zum Hauptsatz. Die Nebensätze werden durch Komma abgetrennt bzw. in Kommas eingeschlossen:

Die Bestimmung gilt in beiden Fällen, *sowohl wenn* Kleingärten neu angelegt *als auch wenn* vorhandene Kleingärten erweitert werden.

Diese Bestimmung gilt *sowohl,* wenn Kleingärten neu angelegt, *als auch,* wenn vorhandene Kleingärten erweitert werden.

Sowohl dass sie geheiratet haben *als auch dass* sie umgezogen sind, war mir neu.

Der Staat unterstützt solche Initiativen, *sowohl was* öffentliche Organisationen *als auch was* private Verbände betrifft.

---

statt dass:
→ dass, 1

---

1. Die mehrgliedrige Konjunktion »teils – teils« verbindet aufgezählte Satzteile und Sätze. Vor dem zweiten (und jedem weiteren) »teils« steht immer ein Komma:

Er lebte *teils* in Köln, *teils* im Engadin, *teils* in Marseille.

Er hat *teils* alte, *teils* neue Bücher gekauft.

Die Schüler waren *teils* Einheimische, *teils* kamen sie aus den Nachbarorten.

2. Ist die Aufzählung nachgetragen, steht auch vor dem ersten »teils« ein Komma:

Er hat verschiedene Bücher gekauft, *teils* alte, *teils* neue.

Ich fahre nach Italien, *teils* um mich zu erholen, *teils* um die Sprache zu lernen.

3. Mit einigen Konjunktionen bildet »teils – teils« eine Fügung, die als Einheit empfunden wird. Das Komma steht jeweils vor »teils«:

Ich musste ihm helfen, *teils weil* er mich darum gebeten hat, *teils weil* wir sonst den Abgabetermin versäumt hätten.

3. »teils – teils« gehört zum Hauptsatz. Die Nebensätze werden durch Komma abgetrennt bzw. in Kommas eingeschlossen:

Ich half ihm *teils,* weil er mich darum gebeten hatte, *teils,* weil wir sonst den Abgabetermin versäumt hätten.

---

178   **trotzdem**

1. Als vorangestelltes Adverb schließt »trotzdem« einen beigeordneten Satz oder Satzteil an, der durch Komma abgetrennt wird:

Er weiß es, *trotzdem* richtet er sich nicht danach.

Sie gibt sich viel Mühe, *trotzdem* hat sie nichts erreicht.

Er ist sehr gewissenhaft, *trotzdem* manchmal etwas verträumt.

2. Als unterordnende Konjunktion leitet »trotzdem« (im Sinne von »obwohl«) einen Konzessivsatz (Einräumungssatz) ein, der in Kommas eingeschlossen wird:

Er behauptet es, *trotzdem* er es nicht gesehen hat.

Trotzdem er sich anstrengte, hatte er wenig Erfolg.

Er nahm sich, *trotzdem* er sehr beschäftigt war, immer Zeit für die Kinder.

1. Das Adverb »trotzdem« ist in den Ablauf eines Haupt- oder Nebensatzes einbezogen:

Er weiß es, aber er richtet sich *trotzdem* nicht danach.

Sie gibt sich viel Mühe und *trotzdem* hat sie nichts erreicht.

Es ist merkwürdig, dass sie *trotzdem* nichts erreicht hat.

Wenn *trotzdem* keine Einigung erzielt wurde, war das nicht seine Schuld.

2. Die unterordnende Konjunktion »trotzdem« (im Sinne von »obwohl«) ist Teil einer Fügung, die als Einheit empfunden und nicht durch ein Komma geteilt wird:

Und trotzdem er sich anstrengte, hatte er wenig Erfolg.

Die Kinder liebten ihn, *denn trotzdem* er sehr beschäftigt war, nahm er sich immer Zeit für sie.

3. Als Ausdruck einer Stellungnahme steht »trotzdem« außerhalb des Satzes und wird durch Komma abgetrennt (vgl. 59):

Trotzdem, ich habe kein gutes Gefühl dabei.

---

179 **umso**
(Vgl. auch »je – desto / je – je / je – umso«.)

---

1. Die Konjunktion »umso« (seltener: »desto«) schließt in Verbindung mit einem Komparativ einen beigeordneten Satz an, der durch Komma abgetrennt wird:

Er war stets gesund gewesen, *umso* überraschender war sein plötzlicher Tod.

Das Theater reizte mich wenig, *umso* lieber besuchte ich Konzerte.

Umso besser, dann können wir ja ins Konzert gehen!

2. Wenn eine Fügung wie »um so eher/mehr/weniger als« einen Nebensatz einleitet, kann vor »als« ein zusätzliches Komma gesetzt werden:

Seine Freude über diesen Preis war echt, *umso mehr[,] als* er ihn gar nicht erwartet hatte.

Er freute sich sehr, dass er diesen Preis bekam[,] und *umso mehr[,] als* er ihn gar nicht erwartet hatte. (Vgl. »und«, 7.)

1. Die Konjunktion »umso« (seltener: »desto«) ist mit dem Komparativ in den Ablauf eines Hauptsatzes einbezogen:

Er war stets gesund gewesen und *umso* überraschender war sein plötzlicher Tod.

Da er stets gesund gewesen war, war sein plötzlicher Tod *umso* überraschender.

Das Theater reizte mich wenig, aber Konzerte besuchte ich *umso* lieber.

Nach einer Pause wird es *umso* besser gehen.

2. Gehört eine Fügung wie »umso eher/mehr/weniger« zum Hauptsatz, dann steht nur vor »als« ein Komma:

Seine Freude über diesen Preis war echt, sie war es *umso mehr, als* er ihn gar nicht erwartet hatte.

Er freute sich sehr über den Preis, und das *umso mehr, als* er ihn gar nicht erwartet hatte. (Vgl. »und«, 4.)

und / oder

In folgenden Fällen muss vor »und« und »oder« ein Komma stehen:	*In folgenden Fällen steht kein Komma vor den Konjunktionen »und« und »oder«:*

1. Wenn ein Beisatz (eine Apposition) vorausgeht, denn dieser wird in Kommas eingeschlossen:

1. Wenn »und« oder »oder« ein Aufzählungsglied anschließt:

Karl, mein Bruder, *und* ich gingen spazieren (= 2 Personen!).

Karl, mein Bruder *und* ich gingen spazieren (= 3 Personen!).

Gestern war ich bei Frau Schneider, meiner alten Lehrerin, *und* wir haben zusammen Fotos angesehen.

Peter, Hans *und* Ursel gehen in die Schule.

Heute *oder* [aber] morgen will er zu dir kommen.

Heute *oder,* wenn es geht, morgen will er zu dir kommen.

Im Mittelpunkt des Hofes *und* damit der Schlossanlage steht ein Brunnen. (Vgl. aber 4.)

Ich gehe ins Theater *und* nicht ins Konzert.

Max fliegt nach Mallorca *und* Karl nach Teneriffa.

Auch ein Nebensatz oder ein erweiterter Infinitiv kann als Aufzählungsglied angeschlossen werden (vgl. genauer 46):

Ich weiß von ihrer Not, ihren drei Katzen *und* dass sie gehbehindert ist.

Ich tue das freiwillig *und* nicht weil er mir droht.

Mit einer finsteren Miene *und* ohne mich anzusehen[,] ging er an mir vorbei.

Ich ziehe den Mantel bei Regen an *oder* wenn es kalt ist.

2. Wenn ein untergeordneter Schaltsatz oder eine wörtliche Wiedergabe vorausgeht, denn diese werden mit einem Komma abgeschlossen:

Wir mußten das Auto stehen lassen, weil die Achse gebrochen war, *und* zu Fuß bis ins nächste Dorf gehen.

Willst du die rote Tasche, die du in London dabei hattest, *oder* brauchst du einen Koffer?

Er sagte: »Ich komme morgen«, *und* seine Frau wünschte mir Glück.

Ute fragte: »Wann fahren wir los?«, *und* griff nach ihrer Tasche.

3. Wenn eine Infinitivgruppe vorausgeht, die man in Kommas einschließen muss oder bei der man sich für die freigestellten Kommas entschieden hat:

Ich denke nicht daran, nach München zu fahren, *und* Klaus auch nicht.

Wir hoffen, Ihnen hiermit gedient zu haben, *und* grüßen Sie herzlich.

4. Wenn »und« und »oder« einen Schaltsatz oder eine nachgestellte Erläuterung einleiten:

Dieses Museum, *und* das ist kaum bekannt, hat eine wertvolle Fossiliensammlung.

Erst gestern, *und* dieser Gedanke erschreckte ihn, hatte er noch darüber gelacht.

Der Gemeinderat, *und* der Bürgermeister erst recht, muss jetzt handeln.

Der Gemeinderat, *und* damit auch der Bürgermeister, ist zum Handeln aufgerufen.

Sie lief mitten in der Nacht hinaus, *und* dazu noch ohne Mantel.

In Frankreich[,] *und* auch in einigen anderen europäischen Ländern[,] ist das üblich.

Frau Dr. Krüger[,] *oder* gegebenenfalls auch Frau Marthaler[,] wird diesen Kurs übernehmen.

Das betrifft auch nachgestellte Erläuterungen mit »und zwar« oder »und das«:

Ich werde kommen, *und zwar* bald.

Ich werde kommen, *und zwar[,]* weil Christa mich darum gebeten hat. (Vgl. 132.)

Er gab nicht nach, *und das* mit Recht.

Sie lief ohne Mantel hinaus, *und das[,]* obwohl es schneite. (Vgl. 132.)

5. Wenn »und« und »oder« zum Ausdruck einer Stellungnahme (vgl. 59) gehören oder einen Nebensatz einleiten:

Er kommt doch, *oder* [etwa nicht]?

Es regnet, *und* wie [es regnet]!

Ich kann schwimmen, *und* ob [ich schwimmen kann]!

Das tue ich nicht, *und* wenn er sich auf den Kopf stellt!

Pass auf dich auf, *und* dass du mir ja keine Dummheiten machst!

In folgenden Fällen kann vor den Konjunktionen »und« und »oder« ein Komma gesetzt werden:

6. Wenn »und« oder »oder« beigeordnete Hauptsätze verbindet, kann man ein Komma setzen, um die Gliederung des gesamten Satzes deutlich zu machen oder um Missverständnisse zu vermeiden:

Wir stiegen in den Bus[,] *und* die Kinder weinten, weil sie gern noch geblieben wären.

Weil sie gern noch geblieben wären, weinten die Kinder[,] *und* wir mussten sie trösten.

Wir warten auf euch[,] *oder* die Kinder gehen schon voraus.

Er schimpfte auf die Regierung[,] *und* sein Publikum, das auf seiner Seite war, applaudierte.

7. Wenn »und« oder »oder« Nebensätze gleichen Grades verbindet, kann die verbindende Wortgruppe soviel Eigengewicht haben, dass man sie in Kommas einschließen kann:

Ich verkaufe, weil mir an dem Grundstück nichts liegt[,] *und* nicht[,] weil ich Geld brauche.

In folgenden Fällen sollte man auf dieses freigestellte Komma verzichten:

6. Man sollte auf dieses Komma verzichten, wenn der Satz übersichtlich ist und sich beim Lesen keine Missverständnisse ergeben können:

Du hast sie warten lassen *und* das war ein Fehler.

Die Kinder weinten *und* wir mussten sie trösten.

Wartet auf uns *oder* geht schon voraus.

Er schimpfte auf die Regierung, das Publikum applaudierte *und* die Veranstaltung war ein voller Erfolg.

7. Wenn Nebensätze durch ein einfaches »und« oder »oder« verbunden sind, wird kein Komma gesetzt:

Ich verkaufe, weil mir an dem Grundstück nichts liegt *und* weil ich Geld brauche.

Diese Bestimmung gilt, wenn bestehende Kleingärten erweitert werden[,] *und* erst recht[,] wenn neue Kleingärten angelegt werden.

Ich freue mich, dass du deine Prüfung bestanden hast[,] *und* umso mehr[,] als die Note so gut ist.

8. Wenn »und« oder »oder« Nebensätze gleichen Grades verbindet, kann man gelegentlich ein Komma setzen, wenn der Satz sonst schwer lesbar wäre:

Es war nicht selten, dass er sie besuchte[,] *und* dass sie bis spät in die Nacht zusammensaßen, wenn sie in guter Stimmung war.

Diese Bestimmung gilt, wenn bestehende Kleingärten erweitert werden *oder* wenn neue Kleingärten angelegt werden.

Ich freue mich, dass du deine Prüfung bestanden hast *und* dass die Note so gut ist.

8. Man sollte auf dieses Komma in der Regel verzichten, denn auch Sätze mit mehreren Nebensätzen sind meist gut lesbar:

Es war nicht selten, dass er sie besuchte *und* dass sie bis spät in die Nacht zusammensaßen.

Ich fürchte, der Brief ist verloren *oder* du hast ihn gar nicht abgeschickt.

Ich weiß, wie sehr du ihn liebst *und* dass du auch dieses Opfer bringen wirst.

Weil sie die Schwäche ihres Sohnes für den Alkohol kannte *und* damit er nicht wieder entgleisen sollte, schickte sie ihn schon früh nach Hause.

Ich treffe mich gern mit ihm, weil er charmant ist, weil man sich gut mit ihm unterhalten kann *und* weil wir ähnliche Interessen haben.

9. Wenn »und« (seltener: »oder«) beiordnend ein Satzgefüge anschließt, das mit einem Nebensatz oder einer Infinitivgruppe beginnt (vgl. 128), kann man ein Komma setzen, um die Gliederung des gesamten Satzes zu verdeutlichen:

Ich habe sie oft besucht[,] *und* wenn sie guter Stimmung war, saßen wir bis spät in die Nacht zusammen.

Es waren schlechte Zeiten[,]*und* um zu überleben[,] nahm man es mit vielen Dingen nicht so genau.

---

vor allem:
→ besonders

---

181 weder – noch
(Die Beispiele gelten auch für »nicht – noch«.)

1. Die mehrgliedrige Konjunktion »weder – noch« verbindet aufgezählte Satzteile. Ist diese Aufzählung nachgetragen, steht vor »weder« ein Komma:

Er hat ihn nicht gefördert, *weder* beruflich *noch* künstlerisch.

Er hat ihn nicht gefördert, und zwar *weder* beruflich *noch* künstlerisch.

Ich weiß gar nichts von ihm, *weder* seinen Nachnamen *noch* seinen Vornamen *noch* seine Adresse.

Sie hat nicht angerufen, *weder* um abzusagen *noch* um uns ihre Ankunftszeit mitzuteilen.

1. Die mehrgliedrige Konjunktion »weder – noch« verbindet ohne Komma aufgezählte Satzteile:

Er hat ihn *weder* beruflich *noch* künstlerisch gefördert.

Er kann *weder* Auto fahren *noch* Rad fahren.

Es ist bekannt, dass er *weder* raucht *noch* trinkt.

Ich weiß *weder* seinen Nachnamen *noch* seinen Vornamen *noch* seine Adresse.

Ich habe *weder* Lust[,] ins Kino zu gehen *noch* Freunde zu besuchen.

Sie hat *weder* angerufen[,] um abzusagen[,] *noch*[,] um uns ihre Ankunftszeit mitzuteilen.

Vor einem zweiten »weder« steht jedoch ein Komma:

Weder die Eltern *noch* die Schwester, *weder* die Lehrer *noch* die Mitschüler wussten, wo der Junge war.

Weder die Eltern, *weder* die Schwester *noch* der Lehrer *noch* die Klassenkameraden wussten, wo der Junge war.

2. Die mehrgliedrige Konjunktion »weder – noch« verbindet beigeordnete Hauptsätze. Das Komma vor »noch« ist freigestellt, vor weiteren »noch« ebenfalls:

Er hat ihm *weder* beruflich geholfen[,] *noch* hat er seine künstlerischen Anlagen gefördert.

Er hat ihm *nicht* die Ausbildung bezahlt[,] *noch* hat er seine künstlerischen Anlagen gefördert. (Auch: Er hat ihm kein Geld für die Ausbildung gegeben[,] *noch* hat er seine künstlerischen Anlagen gefördert.)

Weder fährt er Auto[,] *noch* kann er Rad fahren.

2. Die mehrgliedrige Konjunktion »weder – noch« verbindet Nebensätze gleichen Grades. Nur vor »weder« steht ein Komma (vgl. aber 126):

Sie sagte, *weder* habe sie davon gewusst *noch* habe sie den Brief bekommen *noch* sei sie am Dienstag in Köln gewesen.

Diese Leute können *weder* einen Ball
behandeln[,] *noch* beherrschen sie
das Kombinationsspiel[,] *noch* haben
sie Angriffsgeist.

3. Mit einigen Konjunktionen bilden »weder« und »noch« Fügungen, die als Einheit empfunden und nicht durch Komma geteilt werden:

Ich habe nichts davon gewusst,
weder dass er raucht *noch dass* er
trinkt.

Weder dass er raucht *noch dass* er
trinkt, habe ich gewusst.

3. »weder« und »noch« gehören zum Hauptsatz. Die Nebensätze werden durch Komma abgetrennt bzw. in Kommas eingeschlossen:

Ich habe *weder* gewusst, dass er
raucht, *noch,* dass er trinkt.

---

82   **weil**

2. Die Konjunktion »weil« leitet einen untergeordneten Kausalsatz (Begründungssatz) ein, der durch Komma abgetrennt bzw. in Kommas eingeschlossen wird:

Er konnte nicht schneller fahren,
weil es zu glatt war und *weil* Nebel
aufkam.

Er wollte, *weil* es ja schon spät war,
besonders schnell fahren.

Das Projekt war ein Misserfolg, sei
es, *weil* nicht sorgfältig geplant
wurde, sei es, *weil* die Zeit zu knapp
war.

1. Die Konjunktion »weil« ist Teil einer Fügung, die als Einheit empfunden und nicht durch ein Komma geteilt wird:

Er betrachtete das Bild[,] *und weil*
es ihm gefiel, kaufte er es. (Vgl.
»und«, 9.)

Ich wäre gern gekommen, *doch weil*
ich ja krank war, ging es nicht.

Das Projekt musste ein Misserfolg
werden, *schon weil* die Zeit zu knapp
war.

Das Projekt musste ein Misserfolg
werden, *aber nicht weil* wenig Geld
zur Verfügung stand, *sondern weil* die
Zeit zu knapp war.

Man tut das nicht, *ganz einfach weil*
es verboten ist.

Auch ein unvollständiger weil-Satz wird durch Komma abgetrennt bzw. in Kommas eingeschlossen:

Das Gemälde war sehr schön, aber,
weil zu teuer, für ihn unerschwing-
lich.

Er ist, *weil* Fachmann, auf diesem
Gebiet versiert.

Das Gemälde war sehr schön, *aber
weil* zu teuer, für ihn unerschwing-
lich.

2. (Wie 1)

Ich schätze ihn besonders, *weil* er ein sehr erfahrener Mitarbeiter ist.

2. In einigen Fügungen kann vor »weil« ein zusätzliches Komma gesetzt werden:

Ich schätze ihn sehr, *besonders[,] weil* er ein sehr erfahrener Mitarbeiter ist.

Sie wird sich wohl verspätet haben, *beispielsweise[,] weil* sie im Stau steckt.

Weitere Beispiele für solche Fügungen:

nämlich[,] weil; namentlich[,] weil; und zwar[,] weil; vor allem[,] weil; zum Beispiel[,] weil

3. Die Konjunktion »weil« schließt eine zusätzliche Beifügung an, die durch Komma abgetrennt wird:

Er ist ein unentbehrlicher, *weil* sehr erfahrener Mitarbeiter.

---

1. Die Konjunktion »wenn« leitet Nebensätze verschiedener Art ein, die durch Komma abgetrennt bzw. in Kommas eingeschlossen werden:

Ich gehe erst spazieren, *wenn* ich fertig bin und *wenn* auch alle Anrufe erledigt sind.

Ich gehe, *wenn* ich fertig bin, spazieren.

Jedesmal, *wenn* er kommt, gibt es Streit.

Diese Bestimmung gilt sowohl, *wenn* bestehende Kleingärten erweitert, als auch, *wenn* neue Kleingärten angelegt werden.

Wenn ich nur wüsste, ob sie gesund ist.

1. Mit einigen Konjunktionen und Adverbien bildet »wenn« Fügungen, die als Einheit empfunden werden. Das Komma steht dann vor der ganzen Fügung:

Natürlich werde ich spazieren gehen, *aber erst wenn* ich fertig bin.

Er tut immmer, *als wenn* er alles besser wüsste.

Ich komme nicht mit, *selbst wenn* sie mich einlädt.

Jedesmal wenn er kommt, gibt es Streit.

Diese Bestimmung gilt generell, *also auch wenn* neue Kleingärten angeleg werden.

Diese Bestimmung gilt in beiden Fällen, *sowohl wenn* bestehende Kleingärten erweitert *als auch wenn* neue Kleingärten angelegt werden.

Das tue ich nicht, *und wenn* er sich auf den Kopf stellt. (Vgl. »und«, 5.)

Wenn/Falls das wahr ist, müssen wir
das Schlimmste befürchten, wenn/
falls nicht, können wir aufatmen.

er hat, wenn/falls ich nicht irre, heute
Geburtstag.

aber wenn, dann jetzt.

Weitere Beispiele für solche Fügungen:

aber [nicht] wenn; auch [nicht] wenn;
außer wenn; erst wenn; gerade wenn;
gleich wenn; immer wenn; jedenfalls
wenn; nur wenn; sondern wenn; wie
wenn

(Wie 1)

**2. In einigen Fügungen kann vor
»wenn« ein zusätzliches Komma
gesetzt werden:**

Ich mag ihn gern, *ausgenommen[,]
wenn* er schlechter Laune ist.

er trifft Paul *beispielsweise, wenn* sie
Tennis spielen.

Er trifft Paul oft, *beispielsweise[,]
wenn* sie Tennis spielen.

Weitere Beispiele für solche Fügungen:

besonders[,] wenn; insbesondere[,]
wenn; nämlich[,] wenn; und zwar[,]
wenn; vor allem[,] wenn; zumal[,]
wenn; zum Beispiel[,] wenn; zumindest[,] wenn.

**3. Formelhafte unvollständige
Nebensätze mit »wenn« (seltener:
»falls«) brauchen nicht durch Komma abgetrennt bzw. in Kommas eingeschlossen zu werden (vgl. 130):**

Wenn nötig / *Wenn* gewünscht liefern
wir per Kurier.

Ich möchte *wenn* möglich schon morgen abreisen.

Wir kommen *wenn* überhaupt noch
heute zu dir.

Geben Sie *falls* erforderlich noch
Wasser dazu.

**Die Fügung »wenn nicht/schon/
auch« schließt eine zusätzliche
Beifügung an, die durch Komma
abgetrennt wird:**

Das ist eine gefährliche, *wenn nicht*
katastrophale Entwicklung.

147

Ich habe ein billiges, *wenn auch* kleines Zimmer gefunden.

5. Die Fügung »wenn nicht/schon/auch« schließt eine nachgestellte Erläuterung an, die durch Komma abgetrennt bzw. in Kommas eingeschlossen wird:

Das ist schwer, *wenn nicht [sogar]* unmöglich, und sollte nicht in Betracht gezogen werden.

Interessant, *wenn schon* nicht überraschend, ist das Ergebnis dieser Untersuchung.

Er gelangte endlich, *wenn auch* unter großen Mühen, in das Haus.

6. Die mehrteilige Konjunktionalfügung »wenn nicht/schon/auch – dann/so doch« verbindet aufgezählte Satzteile. Ist die Aufzählung nachgetragen, steht vor beiden Teilen ein Komma:

Ich werde fahren, *wenn nicht* mit dem Auto, *dann* mit der Bahn.

Er wird kommen, *wenn schon* nicht aus eigenem Antrieb, *so doch* zumindest auf meine Bitte hin.

Ich habe ein Zimmer gefunden, *wenn auch* klein, *so doch* billig.

6. Die mehrteilige Konjunktionalfügung »wenn nicht/schon/auch – dann/so doch« verbindet aufgezählte Satzteile. Der erste Teil der Fügung ist in den Satz einbezogen, das Komma steht vor »dann« oder »so doch«:

Ich werde *wenn nicht* mit dem Auto, *dann* mit der Bahn fahren.

Das ist *wenn nicht* unmöglich, *so doc* schwer zu erreichen.

Er hat das Testament *wenn schon* nicht selbst geschrieben, *so doch* eigenhändig unterzeichnet.

Das ist ein *wenn auch* kleines, *so doc* billiges Zimmer.

---

184   **wenn auch**

1. Die Konjunktionalfügung »wenn auch« leitet einen untergeordneten Konzessivsatz (Einräumungssatz) ein, der durch Komma abgetrennt wird:

Wir werden zustimmen, *wenn auch* nicht alle Bedenken ausgeräumt sind.

Er ist mir sympathisch, *wenn* ich *auch* nicht immer seiner Meinung bin.

(Zu »auch wenn« s. »auch«, 4.)

2. Eine Konjunktionalfügung wie »wenn auch nur/nicht/erst« geht einem Nebensatz voraus. Vor »wenn auch« steht ein Komma, vor der eigentlichen Konjunktion kann ein zusätzliches Komma gesetzt werden:

Sie kommt zu Besuch, *wenn auch nur[,] weil* sie hier Freunde treffen will.

Es hat geklappt, *wenn auch nicht ganz[,] wie* wir es uns vorgestellt hatten.

3. Die Konjunktionalfügung »wenn auch« schließt eine zusätzliche Beifügung an, die durch Komma abgetrennt wird (vgl. »wenn«, 4):

Er ist ein guter, *wenn auch* langsamer Arbeiter.

3. Die Fügung »wenn auch« gehört zu einer Beifügung, die vor ihrem Bezugswort steht und nicht durch Komma abgetrennt wird (vgl. 32):

Mit unserer *wenn auch* bedingten Zustimmung kannst du rechnen.

Eine *wenn auch* noch so geringe Abweichung kann gefährlich werden.

4. Die Konjunktionalfügung »wenn auch« leitet eine nachgestellte Erläuterung ein, die durch Komma abgetrennt bzw. in Kommas eingeschlossen wird (vgl. »wenn«, 5):

Das Zimmer ist billig, *wenn auch* klein, und liegt im ersten Stock.

Mein Zimmer ist, *wenn auch* geringfügig, kleiner als deines.

Er gelangte endlich, *wenn auch* unter großen Mühen, in das Haus.

Interessant, *wenn auch* nicht überraschend, ist das Ergebnis der Untersuchung.

Die meisten, *wenn auch* nicht alle, waren dafür.

(Zu »wenn auch – so doch« vgl. »wenn«, 6.)

wenngleich:
→ obwohl

| 185 | **wie** |
| (Vgl. auch 33.) |

---

1. Das Adverb »wie« leitet einen indirekten Fragesatz oder einen Relativsatz ein, der durch Komma abgetrennt bzw. in Kommas eingeschlossen wird:

Ich weiß nicht, *wie* das Gedicht heißt.

Es kommt darauf an, *wie* das Material beschaffen ist.

Die Art, *wie* er das macht, verblüfft mich.

Und, *wie* der Autor richtig bemerkt, darauf kommt es heute besonders an.

Ist der Nebensatz zu einem einzelnen »wie« verkürzt, braucht dieses nicht durch Komma abgetrennt zu werden (vgl. 129):

Nach Hause kommen wir, es fragt sich nur[,] *wie*.

1. Die Konjunktion »wie« ist Teil einer Fügung, die als Einheit empfunden und nicht durch ein Komma geteilt wird:

Ich erinnere mich an den ersten Vers, *aber wie* das Gedicht heißt, weiß ich nicht mehr.

Und wie der Autor richtig bemerkt, kommt es darauf heute besonders an.

---

2. Die Konjunktion »wie« leitet einen untergeordneten Temporal- oder Modalsatz (Zeit- oder Umstandssatz) ein, der durch Komma abgetrennt bzw. in Kommas eingeschlossen wird:

Es war schon Mitternacht, *wie* er nach Hause kam.

Und nachts, *wie* die Kinder schlafen, verlässt er das Haus.

Ich spürte, *wie* das Blut herunterlief.

2. Die Konjunktion »wie« ist Teil einer Fügung, die als Einheit empfunden und nicht durch ein Komma geteilt wird:

Und wie er dies sieht, steht er sofort auf und hilft ihm.

Er ruft an, *gerade wie* sie die Wohnung verlassen will.

---

3. Die Konjunktion »wie« leitet mit Komma einen untergeordneten Vergleichssatz ein:

Klaus ist jetzt so alt, *wie* sein Vater damals war.

Das Buch ist [eben]so schön, *wie* es nützlich ist.

Er ist nicht so reich, *wie* man angenommen hatte.

3. Die Konjunktion »wie« steht ohne Komma vergleichend zwischen Satzteilen:

Angelika ist so groß *wie* Klaus.

Das Buch ist so schön *wie* nützlich.

Er ist nicht so reich *wie* angenommen.

Ich bin *wie* gerädert.

Die neuen Geräte gingen weg *wie*
warme Semmeln.

Lauf so schnell, *wie* du kannst! (Vgl.
aber »so«, 3.)

Lauf so schnell *wie* möglich zum
Arzt!

Ändern Sie bitte den Text genauso,
wie ich ihn ändere.

Ändern Sie bitte den Text [genau]so
wie ich.

Alle, *wie* sie da sitzen, haben gelogen.

Wie ich wartet auch mein Bruder auf
Antwort. (Vgl. aber »so«, 4.)

Er wollte [eben]so berühmt werden,
wie es seinem Vater gelungen war.

Er wollte so berühmt *wie* sein Vater
werden.

Er kam so mit, *wie* er war.

Er wollte ebenso berühmt werden *wie*
sein Vater.

So, *wie* er war, kam er gleich mit.
(Vgl. »so«, 2.)

Sie kann Norbert ebenso wenig lei-
den *wie* er sie.

Sie hob die Hand, *wie* wenn sie einen
Schlag abwehren wollte. (Vgl. »als ob
/ als wenn«.)

**Vor dem »wie« kann ein verstärken-
des »so«, »genauso« oder »ähnlich«
stehen (vgl. »so«, 2, »genauso«, 2):**

So wie du angezogen bist, wird man
dich nicht in das Lokal lassen.

Er musste auf Alkohol verzichten,
genauso/ähnlich wie er schon
früher das Rauchen hatte aufgeben
müssen.

**4. Gelegentlich ist der Vergleichs-
satz nur durch sein Prädikat mit
nachgestellter Personalform
erkennbar (vgl. 33):**

4. (Wie 3)

Es ging doch nicht so schnell, *wie* zu
erwarten war.

Es ging doch nicht so schnell *wie*
erwartet.

Nimm nur so viel, *wie* nötig ist.

Nimm nur so viel *wie* nötig.

**5. Die Konjunktion »wie« leitet eine
Infinitivgruppe ein, die durch Komma abgetrennt werden kann oder
muss (vgl. genauer 95 ff.):**

**5. Die Konjunktion »wie« steht
ohne Komma vor dem Infinitiv ohne
»zu«:**

Sie hob die Hand[,] *wie* um einen
Schlag abzuwehren.

Nichts war für ihn so schlimm[,] *wie*
seine Kinder zu enttäuschen.

Ich habe genauso wenig Lust[,]
fernzusehen[,] *wie* ins Kino zu
gehen.

Ich möchte genauso wenig fernsehen
wie ins Kino gehen.

Auf Alkohol zu verzichten[,] fiel ihm ebenso schwer[,] *wie* das Rauchen aufzugeben.

Lesen fällt ihm so schwer *wie* rechnen.

Es fiel ihm ebenso schwer, auf Alkohol zu verzichten, *wie* das Rauchen aufzugeben.

6. Mit »wie«, »genau wie« oder »ähnlich wie« beginnt eine Wortgruppe am Satzanfang, die durch ein hinweisendes »so« aufgenommen wird. Das Komma steht vor »so«:

Wie Tina und Luise, *so* will nun auch Irene reiten lernen.

Genau wie Tina und Luise, *so* will nun auch Irene reiten lernen.

Wie schon im letzten Jahr, *so* hatten wir auch dieses Jahr einen schönen Herbst.

Ähnlich wie schon im letzten Jahr, *so* hatten wir auch dieses Jahr einen schönen Herbst.

6. Mit »wie«, »[genau]so wie« oder »ähnlich wie« beginnt eine Wortgruppe am Satzanfang, die nicht durch Komma abgetrennt wird:

Wie Tina und Luise will nun auch Irene reiten lernen.

So wie / Genauso wie Tina und Luise will nun auch Irene reiten lernen.

Wie schon im letzten Jahr hatten wir auch dieses Jahr einen schönen Herbst.

Ähnlich wie schon im letzten Jahr hatten wir auch dieses Jahr einen schönen Herbst.

7. Nachgestellte Erläuterungen mit »wie« kann man in Kommas einschließen, wenn man verdeutlichen möchte, dass sie für das Verständnis des Satzes nicht unbedingt nötig sind (vgl. 65). »Wie« bedeutet dann »wie zum Beispiel«, »wie übrigens«:

7. Nachgestellte Erläuterungen mit »wie«, die für das Verständnis des Satzes nötig sind, stehen ohne Kommas im Satz:

Metalle *wie* Gold und Silber sind Edelmetalle.

Für eine alleinerziehende Mutter[,] *wie* Gudrun oder Heike[,] ist das ein Problem.

Für eine alleinerziehende Mutter *wie* Gudrun ist das ein Problem.

Die Auslagen[,] *wie* Post- und Telefongebühren, Eintrittsgelder u. dgl.[,] ersetzen wir Ihnen.

Einem so großen Künstler *wie* ihm sieht man solche Schwächen gern nach.

Heimische Wildtiere[,] *wie* z.B. Fuchs, Dachs und Marder[,] sind in Gehegen untergebracht.

Ein heimisches Wildtier *wie* der Fuchs kann in einem solchen Gehege problemlos gehalten werden.

Die Eltern[,] *wie* auch einige Lehrer[,] waren dafür.

Es geschah an einem Tag *wie* jedem anderen.

Paul wurde[,] *wie* schon zuvor sein Kollege[,] rasch befördert.

'iele Familien sind von hier weggezo-
en[,] *wie* zuletzt die Familie Krä-
ner.

'gl. aber zu »so wie« »so«, 5 und zu
genauso wie« und »ähnlich wie«
genauso«, 3.

. **Ein mit »wie auch« (= »und«) an-
eschlossener Satzteil kann als
achgestellte Erläuterung in Kom-
has eingeschlossen werden, wenn
r für das Verständnis des Satzes
icht unbedingt nötig ist (vgl. 65):**

h Frankreich[,] *wie auch* in einigen
nderen europäischen Ländern[,] ist
as üblich.

h Frankreich ist das üblich[,] *wie
uch* in einigen anderen europäischen
ändern.

**8. Die Konjunktion »wie [auch]«
verbindet anstelle von »und« ohne
Komma beigeordnete Satzteile und
Sätze:**

Männer *wie* Frauen nahmen an dem
Kurs teil.

Das Haus ist außen *wie* innen vollständig renoviert.

Die Karte gilt an Sonntagen *wie auch*
an gesetzlichen Feiertagen.

Ich fahre nach Italien[,] um mich zu
erholen *wie auch* um die Sprache zu
lernen.

Diese Bestimmung gilt, wenn bestehende Kleingärten erweitert werden
wie auch wenn neue Kleingärten
angelegt werden.

Vgl. »sowohl – als auch«.

**9. Formelhafte unvollständige
Nebensätze mit »wie« brauchen
nicht durch Komma abgetrennt
bzw. in Kommas eingeschlossen zu
werden (vgl. 130):**

Er schrieb uns *wie* folgt: ...

Ich habe *wie* gesagt keine Zeit. (Aber:
Wie gesagt, dafür habe ich keine
Zeit.)

Wie angekündigt findet die Sitzung
im großen Saal statt.

Er kam *wie* zu erwarten zu spät.

---

wie wenn:
Wird wie »als wenn« behandelt: → als ob / als wenn

wiewohl:
→ obwohl

zuerst – dann:
→ dann

186	zumal

1. Das Adverb »zumal« steht am Anfang (seltener am Ende) einer nachgestellten Erläuterung, die durch Komma abgetrennt bzw. in Kommas eingeschlossen wird:

Unsere Straße ist, *zumal* in der Zeit des Berufsverkehrs, sehr laut.

Unsere Straße ist sehr laut, *zumal* in der Zeit des Berufsverkehrs.

Alle waren begeistert, *zumal* die Neuen.

Darf denn ein unbescholtener Mann, ein Pfarrer *zumal,* in dieser Weise verdächtigt werden?

2. Als unterordnende Konjunktion leitet »zumal« einen Kausalsatz (Begründungssatz) ein, der durch Komma abgetrennt bzw. in Kommas eingeschlossen wird:

Sie hat es schwer, *zumal* ihr Mann Alkoholiker ist.

3. Mit Konjunktionen wie »da« und »wenn« bildet »zumal« eine Fügung, die als Einheit empfunden und nicht durch Komma geteilt wird. Das Komma steht vor »zumal«:

Sie hat es schwer, *zumal da* ihr Mann Alkoholiker ist.

Unsere Straße ist sehr laut, *zumal wenn* morgens und abends der Berufsverkehr hier durchkommt.

1. Das Adverb »zumal« ist in den Ablauf des Satzes einbezogen:

Unsere Straße ist *zumal* in der Zeit des Berufsverkehrs sehr laut. (Vgl. 66.)

Alle waren begeistert. *Zumal* die Neuen lobten den Vorschlag sehr.

2. Die Konjunktion »zumal« ist Teil einer größeren Fügung, die als Einheit empfunden und nicht durch ein Komma geteilt wird:

Denn zumal ihr Mann Alkoholiker ist, hat sie es sehr schwer.

Das Semikolon

► Semikolon bei der wörtlichen Wiedergabe: 281

In zwei Fällen gelten die Regeln für das Komma entsprechend auch für das Semikolon:

► Semikolon und Gedankenstriche: 224, 226, 235 f.

► Semikolon und Klammern: 235 f., 244

187 Das Semikolon – auch »Strichpunkt« genannt – nimmt eine Mittelstellung zwischen Komma und Punkt ein. Es steht an Stelle eines Kommas, wenn dieses zu schwach trennt, und an Stelle eines Punktes, wenn dieser zu stark trennt. Wann das der Fall ist, lässt sich nicht eindeutig festlegen. Deshalb haben die Schreibenden bei der Anwendung des Semikolons mehr Freiheit als bei anderen Satzzeichen.

Das Semikolon zwischen Wortgruppen

188 Das Semikolon kann bei längeren Aufzählungen gesetzt werden, um gleichrangige Wortgruppen voneinander abzugrenzen und so die Aufzählung zu gliedern.

In dieser fruchtbaren Gegend wachsen Roggen, Gerste, Weizen; Kirschen, Pflaumen, Äpfel; Tabak und Hopfen; ferner die verschiedensten Arten von Nutzhölzern.

Das Semikolon zwischen gleichrangigen Sätzen

189 Mit dem Semikolon kann man gleichrangige Teilsätze (vor allem Hauptsätze) voneinander abgrenzen.

Das Semikolon hat immer nebenordnende Funktion. Es kann deshalb nie zwischen Hauptsatz und Nebensatz stehen!

190 Das Semikolon steht zwischen Hauptsätzen, wenn sie ihrem Inhalt nach eng zusammengehören, aber deutlicher als durch ein Komma getrennt werden sollen. Man setzt das Semikolon vor allem zwischen längere Hauptsätze (oft mit Nebensätzen).

Es spielt dabei keine Rolle, ob die Sätze das gleiche Subjekt (Satzgegenstand) haben oder nicht.

Im Hausflur war es still; ich drückte erwartungsvoll auf die Klingel.

Die Familie meiner Mutter stammt aus Frankreich; die Vorfahren meines Vaters dagegen sind aus Ungarn eingewandert.

Er beschäftigt sich seit Jahren mit Kunstgeschichte und hat viele Bücher zu diesem Thema gelesen; zurzeit besucht er eine Vorlesung zur Malerei der Romantik.

Wir müssen uns überlegen, mit welchem Zug wir fahren wollen; wenn wir den früheren nehmen, müssen wir uns beeilen.

Im Allgemeinen gelten folgende Bestimmungen: Die Anmeldung muss schriftlich erfolgen; die Anmeldefrist beträgt zwei Wochen; die Entscheidung wird nur schriftlich mitgeteilt.

Der Autor stellt folgende Thesen auf: Kinder seien fantasievoller als Erwachsene; man müsse ihnen den größtmöglichen Freiraum zur Entfaltung ihrer Kreativität lassen; es bestehe ein direkter Zusammenhang zwischen dieser Entfaltungsmöglichkeit und der Fähigkeit zur Problemlösung im Erwachsenenalter.

Das Semikolon wird besonders dann verwendet, wenn der Anschluss mit Konjunktionen oder Adverbien wie *denn, doch, darum, daher, allein, aber, deswegen, deshalb* u. dgl. hergestellt ist:

Die Angelegenheit ist erledigt; darum wollen wir nicht länger streiten.

Meine Freundin hatte den Zug versäumt; deshalb kam sie eine halbe Stunde zu spät.

191 Das Semikolon kann in einem mehrfach zusammengesetzten Satz (Periode) zwischen gleichrangige Abschnitte gesetzt werden. Solche Sätze kommen vor allem in der älteren Literatur vor.

Wo dir Gottes Sonne zuerst schien; wo dir die Sterne des Himmels zuerst leuchteten; wo seine Blitze dir zuerst seine Allmacht offenbarten und seine Sturmwinde dir mit heiligem Schrecken durch die Seele brausten: Da ist deine Liebe, da ist dein Vaterland (E. M. Arndt).

Der Doppelpunkt

192 Der Doppelpunkt – seltener »Kolon« genannt – ist kein Schlusszeichen, sondern er kennzeichnet einen Übergang. Er kündigt an, er soll aufmerksam machen auf das, was folgt. Der Doppelpunkt kann zwischen zwei Sätzen stehen, aber auch innerhalb eines Satzes.

193 *Groß- oder Kleinschreibung nach dem Doppelpunkt?*

Nach dem Doppelpunkt schreibt man groß, wenn wörtliche Rede folgt:

Sie fragte: »Kommt er heute?«

Nach dem Doppelpunkt schreibt man groß, wenn ein selbstständiger Satz folgt:

Gebrauchsanweisung: Man nehme alle 2 Stunden eine Tablette. Die Regel lautet: Wer eine Sechs würfelt, rückt ein Feld vor.

In manchen Fällen kann man einen folgenden Satz als selbstständig betrachten und das erste Wort großschreiben oder aber ihn als unselbstständig auffassen und das erste Wort kleinschreiben:

Das Haus, die Wirtschaftsgebäude, die Scheune und die Stallungen: Alles war den Flammen zum Opfer gefallen.
(Oder:) Das Haus, die Wirtschaftsgebäude, die Scheune und die Stallungen: alles war den Flammen zum Opfer gefallen.

Nach dem Doppelpunkt schreibt man klein, wenn unselbstständige Einzelwörter oder Wortgruppen folgen:

Er hatte alles verspielt: sein Haus, seine Jacht, seine Pferde. *(Ein Substantiv nach dem Doppelpunkt schreibt man natürlich immer groß:* Er hatte alles verspielt: Haus, Jacht, Pferde.) Die Teeküche kann zu folgenden Zeiten benutzt werden: morgens von 7 bis 8 Uhr, abends von 18 bis 19 Uhr. Meine Nachforschungen haben ergeben, was ich schon befürchtet hatte: dass es sinnlos ist, zu prozessieren.

Der Doppelpunkt als Ankündigungszeichen

194 Der Doppelpunkt kündigt die Weiterführung durch Beispiele, durch eine Begründung, eine Erläuterung, einen Beleg u. dgl. an.

Der Doppelpunkt steht nach einer ausdrücklichen Ankündigung …

Beachten Sie bitte folgenden Hinweis: Infolge der anhaltenden Trockenheit besteht Waldbrandgefahr. Aber dies ist die eigentliche Überraschung: Die Verkaufszahlen haben um 10 % zugelegt. Merke: Punkt vor Strich.

… aber auch nach jedem anderen Satz oder Teilsatz, der weitergeführt werden soll.

Sie sah nur einen Ausweg: sofort abzureisen. Sei vorsichtig: Die Straße ist glatt. Das Konzept geht auf: Die Verkaufszahlen sind gegenüber dem Vorjahr gestiegen. Wenn Sie Probleme mit dem Computer haben: Rufen Sie uns einfach an!

Häufig ist der Satz vor dem Doppelpunkt stark verkürzt.

Zugegeben: …; Mit anderen Worten: … ; Überhaupt: …; Der Grund: …; Hinzu kommt: …; Kein Wunder: …; Immerhin: …; Nur einige Zahlen: …; Sein Vorschlag: …; Folge: …; Ein aktuelles Beispiel: …; Jetzt neu: …; Sicher ist nur: …

195 Nach dem Doppelpunkt kann ein selbstständiger Satz oder ein Teilsatz folgen …

Das Sprichwort lautet: Der Apfel fällt nicht weit vom Stamm. Um es gleich zu sagen: So viel Geld haben wir nicht. Die Frage ist nur: Was wird aus Max?

Meine Nachforschungen haben ergeben, was ich schon befürchtet hatte: dass es sinnlos ist, zu prozessieren.

... eine Aufzählung ...

Folgende Teile werden nachgeliefert: gebogene Rohre, Muffen, Schlauchklemmen und Dichtungen. Sie hat schon mehrere Länder besucht: Frankreich, Spanien, Polen, Ungarn. Die üblichen Leistungsnoten in der Schule heißen: sehr gut, gut, befriedigend, ausreichend, mangelhaft, ungenügend. Welches Exemplar möchten Sie haben: in Leinen, Halbleder, Leder oder als Paperback?

Wir stellen ein: Maschinenschlosser
                 Reinigungskräfte
                 Kraftfahrer

... eine Wortgruppe oder ein Wort.

Dann wurde das Urteil verkündet: Freispruch. Richtig muss es heißen: bei weniger als 5 %. Ihr sollt übersetzen: die neuen Häuser, die steinernen Brücken. 1000 DM, in Worten: eintausend DM.

 An Stelle des Doppelpunktes steht aber ein Komma, wenn eine Erläuterung durch *nämlich, d. h., d. i., z. B.* u. dgl. angeschlossen ist (vgl. 61):

Sie sah nur einen Ausweg, nämlich sofort abzureisen. Sei vorsichtig, die Straße ist nämlich glatt. Sie hat schon mehrere Länder besucht, genauer gesagt Frankreich, Spanien, Polen und Portugal. Er besuchte verschiedene befreundete Staaten, z. B. Tunesien, Israel, Malaysia.

Spezielle Angaben, z. B. in Listen und Formularen

96 Der Doppelpunkt steht insbesondere vor speziellen Angaben, z. B. in Listen und Fomularen.

Rechnen: sehr gut. Familienstand: verheiratet. Diagnose: eitrige Entzündung des rechten Mittelfingers. Nächste TÜV-Untersuchung: 30. 4. 1999. Haltbar bis: 1. 8. 02.

Zweites Konzert des Staatlichen Philharmonischen Orchesters
    W. A. Mozart: Symphonie in g-Moll, KV 550
    J. Brahms: Konzert für Klavier und Orchester in B-Dur
    Franz Liszt: Sinfonie zu Dantes »Divina Commedia«
    Dirigent: Hans Pawlak
    Solist: Robert Hofer
    Beginn: 20 Uhr
    Ende: gegen 22.30 Uhr

Der Doppelpunkt

Nach Angaben in Firmenbriefköpfen wie *Ihr Zeichen, Ihre Nachricht vom, Datum, Betreff* (oder: *Betr.*), *Bankkonto, Telefon* u. dgl. steht ein Doppelpunkt, wenn die Mitteilung in der gleichen Zeile folgen soll. Dasselbe gilt für Ausfüllhinweise auf Vordrucken und Formularen.

Lieferadresse: …
Gerichtsstand: …
Der Erziehungsberechtigte: …

Überschriften und Bildunterschriften

197 Der Doppelpunkt verbindet die Teile von Zeitungsüberschriften und Bildunterschriften.

Bergbau: Kompromiss in Sicht?
Simone Duchamps vor der UNO: Plädoyer für eine friedliche Lösung
Sprach sich für eine friedliche Lösung aus: Simone Duchamps

Zusammenfassungen und Schlussfolgerungen

198 Der Doppelpunkt steht vor Zusammenfassungen des vorher Gesagten und Schlussfolgerungen aus diesem.

In dieser Funktion steht der Doppelpunkt auch vor dem abschließenden Teilsatz im mehrfach zusammengesetzten Satz, der Periode (vgl. 191). Zur Groß- oder Kleinschreibung nach dem Doppelpunkt vgl. 193.

Das Haus, die Wirtschaftsgebäude, die Scheune und die Stallungen: Alles war den Flammen zum Opfer gefallen. Wirtschaftskrise, Staatsverschuldung, Arbeitslosigkeit: Die Regierung ist unter Druck. Das Buch ist brillant geschrieben, voll überraschender Wendungen und noch dazu spannend: ein Meisterwerk! Er bereitete sich wochenlang auf die Prüfung vor, übte mit einem Freund, arbeitete sogar die Aufgaben des letzten Jahres durch: umsonst.

Indirekte Rede

199 Der Doppelpunkt kann zur Abtrennung einer indirekten Rede von ihrem Begleitsatz verwendet werden, wenn beide als selbstständige Sätze aufgefasst werden.

Die offizielle Verlautbarung: Man habe von nichts gewusst. Franz Werner will sich damit nicht zufrieden geben: Wenn das so weitergehe, werde es eine Katastrophe geben. Wenn das so weitergehe, werde es eine Katastrophe geben: Mit diesen Worten mahnte Franz Werner zu entschiedenerem Eingreifen.

Normalerweise ist die indirekte Rede aber von ihrem Begleitsatz abhängig und wird durch ein Komma abgetrennt:

Offiziell hieß es, man habe von nichts gewusst. Es werde eine Katastrophe geben, mahnte Franz Werner.

Der Doppelpunkt
als Verhältniszeichen zwischen Ziffern

Uhrzeit und Angabe einer Zeitdauer: 36 f.

Der Doppelpunkt steht als Verhältniszeichen zwischen Ziffern.

Das Verhältniszeichen wird beim Lesen mit dem Wort *zu* wiedergegeben.

Die Erfolgsaussichten stehen 50 : 50. Die Wahlprognosen zeigen ein Verhältnis von 60 : 40 für den Kandidaten der konservativen Partei. Die Karte ist im Maßstab 1 : 5 000 000 angelegt. Der Maßstab beträgt 1 : 100 000.

Bei der Angabe von Sportergebnissen drückt der Doppelpunkt das Verhältnis zwischen Plus und Minus bei der Punkte- und Torezählung aus:

MSV Duisburg – 1. FC Nürnberg 2 : 0
Durch einen klaren 5 : 1-Sieg übernahm der Aufsteiger die Tabellenführung.
Der deutsche Tennismeister schlug den Spanier in drei Sätzen 6 : 2, 6 : 3, 7 : 5.

Das Fragezeichen

201 Das Fragezeichen hat die Aufgabe, einen Satz als Fragesatz zu kennzeichnen. Gewöhnlich steht das Fragezeichen als Schlusszeichen am Ende eines Satzes, es kann aber in bestimmten Fällen auch innerhalb eines Satzes vorkommen.

Das Fragezeichen nach direkten Fragesätzen

202 Das Fragezeichen steht nach jedem direkten Fragesatz. Es spielt dabei keine Rolle, ob auf die Frage eine Antwort erwartet wird oder nicht und ob der Fragesatz vollständig ist oder nicht.

Willst du dieses Kleid kaufen? Kommt der Präsident selbst? Können Sie mir bitte sagen, wie ich zum Bahnhof komme? Weißt du, ob er kommt? Ob er wohl kommt? Woher soll ich wissen, dass er krank ist? Hast du die Brötchen eingepackt? Wer von euch fährt mit? Wo seid ihr gewesen, was habt ihr gemacht und wie hat euch die Stadt gefallen? Die Frage ist doch: Was wird aus Max? *(Umgestellt:* Was wird aus Max? Das ist doch die Frage.)

203 Das Fragezeichen steht nicht nach indirekten Fragesätzen. Sie sind Nebensätze und haben keinen Einfluss auf das Satzschlusszeichen, das also allein vom Begleitsatz bestimmt wird:

Ich frage mich, ob es regnen wird. Er fragte sie, wann sie kommen wolle. Du musst sie fragen, wann sie kommen will! Hast du sie gefragt, wann sie kommen will? Sag mir, woher du das Geld hast! Warum ich so spät gekommen sei, fragte er ärgerlich. Ich weiß nicht, wie. Wie, das weiß ich nicht.

204 Das Fragezeichen steht nach Höflichkeitsfragen und so genannten rhetorischen Fragen, auf die keine Antwort erwartet wird (vgl. aber 212). Das Fragezeichen kann hier nicht durch den Punkt ersetzt werden.

Würden Sie bitte das Fenster schließen? Könnten Sie mir sagen, wie spät es ist? Wären Sie so freundlich mir tragen zu helfen? Kann ich bitte die Butter haben?

Dürfen wir Sie darauf aufmerksam machen, dass Sie unsere Rechnung noch nicht bezahlt haben? Was soll man sich darüber noch aufregen? Was will man mehr? Wirst du denn nie vernünftig?

Darf ich Sie mit meiner Frau bekannt machen?

Fragen mit der Wortstellung des Aussagesatzes

205 Das Fragezeichen steht nach Aussagesätzen, denen ein Fragewort oder eine entsprechende Formel vor- oder nachgestellt ist.

Ein solcher Zusatz wird mit Komma abgetrennt (vgl. 58 f.).

Was, du hast gekündigt? Wie, ihr wohnt nicht mehr in Mannheim? Du hast dich verliebt, was? Ihr seid umgezogen, oder? Du kennst meinen Bruder, nicht wahr? *(Entsprechend auch mit Gedankenstrich:)* Ich habe hart gearbeitet – und wozu?

Ein vorangestelltes Fragewort kann aber bei besonderer Betonung als eigenständige Frage aufgefasst werden:

Was? Du hast gekündigt?

206 Das Fragezeichen steht nach Aussagesätzen, die durch ein eingeschobenes Fragewort zur Frage werden.

Das Mädchen war damals wie alt? Du hast was getan? Sie sind wo geboren?

Fragen dieser Art sind nicht zu verwechseln mit Sätzen, in denen über Fragewörter gesprochen wird. Ist das der Fall, dann steht am Satzende der Punkt, da der Satz als ganzer keine Frage ist:

Mit den Fragen *wo, wann, wie* und *warum* werden Umstandsangaben erfragt.

207 Das Fragezeichen steht nach Fragen mit der Wortstellung des Aussagesatzes, die nur durch die Betonung als Frage erkennbar sind.

Du kommst morgen? [Ich dachte, erst übermorgen.] Eine Ölspur war an dem Unfall schuld? [Ich dachte, überhöhte Geschwindigkeit.]

Verkürzte Fragesätze

208 Das Fragezeichen steht auch nach verkürzten Fragesätzen. Diese ergeben sich oft im Dialog:

Ich habe einige Fehler entdeckt. – Wo zum Beispiel?
Wir waren im Kino. – In welchem Film denn?
Bitte ein Stück Obsttorte. – Mit oder ohne Sahne?
Zweimal Stuttgart und zurück. – Schnellzug oder Intercity?

Sie können ohne Fragewort gebildet sein ...

Fertig? Wirklich? Verstanden? Alles klar? Na und? Schon gehört? Selbst genäht? Probleme mit dem Computer? Geldsorgen? Lust auf Mode?

... oder aus einem Fragewort mit oder ohne Ergänzungen bestehen.

Wie? Wo? Wieso? Wieviel? Warum denn? Wie bitte? Was jetzt? Wozu die ganze Aufregung? Wohin mit der alten Waschmaschine?

209 Folgen mehrere Fragewörter aufeinander, die nicht besonders betont werden, dann werden sie durch Kommas getrennt und das Fragezeichen steht nur am Ende:

Warum, weshalb, wieso? Wie, wann, warum und mit wessen Hilfe hast du das getan?

Werden aber alle Fragewörter mit besonderem Nachdruck gesprochen, dann steht nach jedem von ihnen das Fragezeichen und es werden keine Kommas gesetzt:

Warum? Weshalb? Wieso?

Fragen, die eine Aufzählung enthalten

210 Das Fragezeichen steht nach Fragen, die eine Aufzählung enthalten

Möchten Sie das Buch in Leinen, Halbleder, Leder oder als Paperback?
Welches Exemplar möchten Sie haben: in Leinen, Halbleder, Leder oder als Paperback?

Die Auflistung von Einzelwörtern, die zu einem Fragesatz gehören, bereitet manchmal Schwierigkeiten. Sie sollten das Fragezeichen nicht nach jedem Einzelwort setzen, sondern nach einem der folgenden Muster verfahren:

Mit welchem Motor wird das Spezialfahrzeug geliefert? a) Dieselmotor b) Benzinmotor c) Vielstoffmotor d) Elektromotor	Welches Exemplar möchten Sie haben? – in Leinen – Halbleder – Leder – als Paperback
Welche Unterschiede bestehen zwischen a) Dieselmotor b) Benzinmotor c) Vielstoffmotor d) Elektromotor?	In welcher Stadt steht das abgebildete Gebäude? ☐ München ☐ Wien ☐ Rom

Wie die Beispiele zeigen, ersetzt das vorgezogene Fragezeichen den Doppelpunkt vor der Aufzählung.

Das Fragezeichen nach frei stehenden Zeilen

211 Vom Spezialfall in 210 abgesehen muss das Fragezeichen nach frei stehenden Zeilen stehen, also zum Beispiel nach Fragen in einer Liste ...

Wir müssen bis März folgende Punkte klären:
– Wann kann das neue Modell in Serie gehen?
– Welcher Etat steht für die Werbekampagne zur Verfügung?
– Welche Werbeagentur beauftragen wir?

... und nach Überschriften und Werktiteln (etwa von Büchern und Filmen).

Stehen neue Verhandlungen bevor? Keine Chance für eine diplomatische Lösung? (Zeitungsüberschriften)
Wie sagt man in Österreich? (DUDEN-Taschenbuch 8)
Wo warst du, Adam? (Roman von Heinrich Böll)
Wer hat Angst vor Virginia Woolf? (Schauspiel von Edward Albee)

?

Auch wenn in einem Satz Werktitel o. dgl. in Frageform aufgezählt werden, behält jeder sein Fragezeichen:

Ich brauche folgende Bände der Reihe DUDEN-Taschenbücher: Wie schreibt man gutes Deutsch?, Wie sagt man in Österreich?, Fehlerfreies Deutsch. (*Aber wenn aufgezählte Fragen Teil eines Fragesatzes sind:* Wo seid ihr gewesen, was habt ihr gemacht und wie hat euch die Stadt gefallen?)

Fragezeichen oder Ausrufezeichen?

212 Wenn ein Fragesatz gleichzeitig als Ausrufesatz verstanden werden soll, kann ein Fragezeichen und direkt danach ein Ausrufezeichen gesetzt werden:

Auch du, mein Sohn?! Warum denn nicht?! Was fällt dir ein?!

Wird er nicht als Frage, sondern als Ausruf gesprochen, dann wird nur ein Ausrufezeichen gesetzt:

Kannst du nicht endlich deinen Mund halten! Wie lange soll ich denn noch warten! Was macht denn der schon wieder hier! Musst du denn immer wieder davon anfangen! Was ist denn mit dir los, du humpelst ja! (*Oder:* Was ist denn mit dir los? Du humpelst ja!)

Was erlauben Sie sich!

Manchmal kann je nach Sinn entweder ein Fragezeichen oder ein Ausrufezeichen stehen:

Würden Sie bitte das Fenster schließen? (höfliche Frage) – Würden Sie bitte das Fenster schließen! (Aufforderung)

Das eingeklammerte Fragezeichen

213 Ein Fragezeichen in runden Klammern steht in Sätzen unmittelbar nach Wörtern oder Wortgruppen, deren Aussage unbewiesen ist oder als unglaubwürdig gekennzeichnet werden soll.

Die schönsten (?) Bilder der Ausstellung wurden prämiert. Der Mann behauptete, die Autopapiere gefunden (?) zu haben. Friedrich I. Barbarossa, geboren in Waiblingen (?) 1122 oder um 1125. Dieser Prophet, der um 600 v. Chr. (?) lebte, drohte den Gottlosen das Gericht durch die Chaldäer an.

Das Ausrufezeichen

214 Mit dem Ausrufezeichen gibt man einem Satz besonderen Nachdruck wie etwa bei nachdrücklichen Behauptungen, Aufforderungen, Wünschen oder Ausrufen. Das Ausrufezeichen steht gewöhnlich am Ende eines Satzes, es kann aber in bestimmten Fällen auch innerhalb eines Satzes vorkommen.

Das Ausrufezeichen steht nach Aufforderungs- und Ausrufesätzen

Aufforderungssätze (Wunsch- oder Befehlssätze)

215 Das Ausrufezeichen steht nach Sätzen und Satzstücken, die eine Aufforderung oder einen Wunsch, einen Befehl oder ein Verbot ausdrücken.

Komm sofort zurück! Hilf ihm doch! Verlassen Sie sofort das Lokal, wenn Sie sich nicht anständig benehmen können! Lasst uns keine Zeit verlieren! Wenn die Prüfung bloß schon vorbei wäre! Hätte ich ihm doch nicht geglaubt! Einfahrt frei halten! Bitte nicht stören! Stillgestanden! Ruhe! Jetzt mitmachen! Der Nächste bitte!

Das Ausrufezeichen steht nicht nach abhängigen Aufforderungssätzen. Sie sind Nebensätze und haben keinen Einfluss auf das Satzschlusszeichen, das also allein vom Begleitsatz bestimmt wird:

Sie sagt, du sollst abreisen. (*Als unabhängiger Aufforderungssatz:* Du sollst abreisen!) Sie verlangt, dass du sofort abreist. Hat sie verlangt, dass du sofort abreist? Ich wünschte, das alles wäre schon vorbei.

Das Ausrufezeichen steht nach vielen Grußformeln, Höflichkeitsformeln und Glückwünschen.

Schönes Wochenende! Frohe Feiertage! Alles Gute! Hals- und Beinbruch! Weidmannsheil! Prost Neujahr! Grüß Gott!

Nach Aufforderungen, Wünschen u. dgl. ohne besonderen Nachdruck setzt man aber anstelle des Ausrufezeichens den Punkt (vgl. 2).

Geben Sie mir bitte das Buch. Vgl. die Abbildung auf S. 360. Nehmen Sie bitte Platz. Fühlen Sie sich wie zu Hause. Benutzen Sie den beiliegenden Vordruck für Ihre Antwort. Guten Tag. Auf Wiedersehen, Frau Schneider. Entschuldigung. Guten Appetit. Bitte sehr. Danke schön.

 Wenn Sie einen Sachtext zu schreiben haben wie z. B. einen Geschäftsbrief, sollten Sie mit Ausrufezeichen sparsam umgehen: Nach einem Aussagesatz genügt meist ein Punkt.

Ausrufesätze

216 Das Ausrufezeichen steht nach Ausrufen sowie nach Aussagesätzen, die mit besonderem Nachdruck gesprochen werden.

Zu Sätzen, die man als Ausrufesatz oder als Fragesatz auffassen könnte, vgl. 212.

Das ist ja großartig! Das hätte ich nicht gedacht! So was Dummes! Einfach herrlich! Wie schön! Der war's! Du Idiot! Schrecklich! Tatsächlich! Tor! Doch! Na bitte! Hallo Markus! Kein Wunder! Ich habe ihn gestern bestimmt gesehen! Natürlich kann ich schwimmen! Dass er keine Zeit hat, ist gelogen! Du musst die Arbeit abgeben, weil morgen der letzte Termin ist! Das kommt davon!

Das Ausrufezeichen steht nicht nach abhängigen Aufforderungssätzen. Sie sind Nebensätze und haben keinen Einfluss auf das Satzschlusszeichen, das also allein vom Begleitsatz bestimmt wird:

Sie rief laut, die Post sei da. (*Als unabhängiger Ausrufesatz:* Die Post ist da!)

17 Das Ausrufezeichen steht nach stark verkürzten Sätzen, die eine wichtige Mitteilung enthalten.

Kein Kommentar! Vertraulich! Geheim! Kein Zutritt! Gesperrt! Rauchen verboten! Vorsicht, bissiger Hund! Vorsicht, Hochspannung! Achtung! Gratis! Neu!

> Ein Ausrufesatz kann aus einer einzelnen Interjektion (Ausrufewort) bestehen …

Ach! Ah! Oh! Au! Na! Hallo! Igitt! Buh! Ahoi! Helau! Pst! Brr! Ätsch! Schade!

> … oder aus einem Satz, der eine Interjektion bei sich hat.
> Die Interjektion wird mit Komma abgetrennt (vgl. 58).

Igitt, wie das stinkt! Nein, du bleibst hier! Ich kann schwimmen, und ob! Halt, komm mal her! Pst, sei still! Ach, das ist schade!

Folgen mehrere Interjektionen aufeinander, die nicht besonders betont werden, dann werden sie durch Kommas getrennt. Das Ausrufezeichen steht nur am Satzende:

Na, na, na! Au, au, das tut weh! Nein, nein, nein! Doch, doch!

Werden aber alle Interjektionen mit besonderem Nachdruck gesprochen, dann steht nach jeder von ihnen das Ausrufezeichen:

Na! Na! So passen Sie doch auf!

Nein! Nein! Und noch einmal: Nein !

Das Ausrufezeichen nach frei stehenden Zeilen

218 Das Ausrufezeichen steht auch nach frei stehenden Zeilen.

> Mit einem Ausrufezeichen können z. B. Aufschriften auf Schildern, Plakaten u. dgl. enden…

Kein Zutritt! Vorsicht, bissiger Hund! Achtung! Gratis! Neu! Rettet die Wale!

... aber auch Überschriften, Werktitel (etwa von Büchern oder Filmen) u. dgl.

Zurücktreten, Herr Minister! Die dritte Goldmedaille! (Zeitungsschlagzeilen)
Weh dem, der lügt! (Lustspiel von Grillparzer)

Anrede

219 Das Ausrufezeichen steht nach der Anrede einer Ansprache oder Rede.

Herr Präsident, meine sehr geehrten Damen und Herren!

Sehr geehrte Ehrengäste! Liebe Mitbürgerinnen und Mitbürger!

Nach der Anrede in Briefen wird gewöhnlich das Komma gesetzt (vgl. 35). Man kann jedoch auch das Ausrufezeichen verwenden. In diesem Fall wird das erste Wort des Briefes großgeschrieben.

Sehr geehrter Herr Schmidt!

Gestern erhielt ich Ihr freundliches Schreiben ...

Liebe Eltern!

Nach einem herrlichen Flug ...

Schlussformel

220 Nach den üblichen Schlussformeln in Briefen steht kein Ausrufezeichen (vgl. 5). Man setzt nur dann ein Ausrufezeichen, wenn der Brief mit einem Glückwunsch oder dergleichen endet.

Ich wünsche dir alles Gute für deine Prüfung.

Hals- und Beinbruch!

Deine Sandra

Ich melde mich im Januar wieder, wenn wir aus dem Urlaub zurück sind.

Fröhliche Weihnachten!

Ihre Susanne Kraus

Das eingeklammerte Ausrufezeichen

▶ Das eingeklammerte Ausrufezeichen bei der wörtlichen Wiedergabe: 294

221 Ein Ausrufezeichen in runden Klammern steht nach Wörtern oder Wortgruppen innerhalb eines Satzes, die man als zweifelhaft oder als besonders beachtenswert kennzeichnen will.

Er will 100 Meter in 10,2 (!) gelaufen sein. Alle drei Einbrecher arbeiteten früher als Schweißer (!) und galten als tüchtige Fachmänner. Er hatte den Wagen eine Viertelstunde mit laufendem Motor (!) stehen lassen.

Gedankenstrich

222 Der Gedankenstrich ist ein starkes Grenzsignal und trennt stärker als Komma oder Doppelpunkt. Man unterscheidet zwischen dem einfachen und dem paarigen (also immer paarweise vorkommenden) Gedankenstrich. Der einfache Gedankenstrich dient zur Kennzeichnung einer größeren Pause zwischen einzelnen Wörtern oder innerhalb eines Satzes. Er kann aber auch zwischen zwei Sätzen stehen, um den Übergang zu einem anderen Thema anzuzeigen. Zwei Gedankenstriche dienen zur Abgrenzung eines eingeschobenen Satzes oder Satzteils.

 Ein Gedankenstrich sollte nach Möglichkeit nicht am Anfang einer Zeile stehen, sondern allenfalls am Ende. Am besten steht er innerhalb der Zeile.

Anders ist es, wenn der Gedankenstrich zur Kennzeichnung von zeilenweise gegliederten Aufzählungen dient. Solche so genannten Spiegelstriche stehen am linken Rand frei vor der Zeile (vgl. 23 und das Beispiel in 210).

Der einfache Gedankenstrich

Der einfache Gedankenstrich zwischen Wörtern und Wortgruppen

23 Der Gedankenstrich kann an Stelle des Kommas zur stärkeren Gliederung zwischen aneinander gereihte gleichrangige Wörter oder Wortgruppen gesetzt werden.

Strand – Sonne – Palmen (Werbung)
Schnell – preiswert – praktisch (Werbung)
Länder – Menschen – Abenteuer (Titel einer Fernsehserie)

  Einrichtungshaus Langmüller
Bodenbeläge – Tapeten – Dekostoffe – Farben

In einer Inhaltsangabe kann man mit dem Gedankenstrich die Stichwörter trennen, die zu einem Gliederungspunkt gehören.

Kapitel 3: Rechnungsarten – Zinsrechnung – Rechenhilfen – Zahlenspielereien

Der Gedankenstrich steht auch bei der Gegenüberstellung gegensätzlicher oder zusammengehöriger Begriffe.

Was heißt »entweder – oder« auf Englisch? Machen Sie eine Gegenüberstellung Einnahmen – Ausgaben. Weltbilder – Bilderwelten (Ausstellungstitel). 2001 – Odyssee im Weltraum (Filmtitel). Günstig in der Anschaffung – sparsam im Verbrauch (Werbung).

Der einfache Gedankenstrich innerhalb eines Satzes

224 Innerhalb eines Satzes kennzeichnet der einfache Gedankenstrich eine längere Pause. Er kündigt an, dass etwas Weiterführendes folgt insbesondere etwas Unerwartetes.

In dieser Funktion ersetzt der Gedankenstrich alle anderen Satzzeichen. Er tritt insbesondere nie in Verbindung mit einem Komma auf. In einigen Fällen kann man anstelle des Gedankenstrichs Auslassungspunkte setzen (vgl. 24 ff.).

Der einfache Gedankenstrich als Pausenzeichen

225 Der Gedankenstrich gibt Sprechpausen wieder.

Warte mal – es fällt mir gleich ein. Ich buchstabiere: K – R – A – U – S – S. Kein Anschluss unter dieser Nummer – kein Anschluss unter dieser Nummer – kein Anschluss … Wir üben den Walzer: Links – zwei – drei – rechts – zwei – drei … Sie stammelte: »Da – das Auto – ich wollte -«.

In dieser Funktion steht der Gedankenstrich zwischen den einzelne Teilen eines Kommandos:

Rumpf vorwärts beugen – beugt! Auf die Plätze – fertig – los!

Der Gedankenstrich grenzt die zeitlichen Phasen eines Geschehen voneinander ab.

Heißes Wasser zugeben – umrühren – fertig! Ein Blitz zuckte – dann ein ohrenbetäubender Donner – und schon prasselte der Regen herab.

Der einfache Gedankenstrich als Ankündigungszeichen

226 Der Gedankenstrich kündigt an, dass etwas Unerwartetes oder besonders Wichtiges folgt. Er markiert eine Pause, die Spannung erzeugt und das Folgende besonders hervortreten lässt.

Der Gedankenstrich steht an Stelle des Kommas, wenn dieses nicht stark genug trennt:

Komm bald – aber mit ihm! Im Hausflur war es still – ich drückte erwartungsvoll auf die Klingel. Eine Umgehungsstraße – ist das wirklich die richtige Lösung für unseren Ort? Nur wenn du dich intensiv vorbereitest, wenn du jeden Tag übst und das Lehrbuch gründlich durcharbeitest – nur dann kannst du diese Prüfung im ersten Anlauf schaffen. »Rettet die Wale!« – das ist ihre Parole.

Der Gedankenstrich steht an Stelle eines Doppelpunktes, wenn dieser nicht stark genug trennt:

Das Haus, die Wirtschaftsgebäude, die Scheune und die Stallungen – alles war den Flammen zum Opfer gefallen. Da hilft nur noch eins – sofort operieren! Happy End – Moderator Günther Wittmann heiratet. Wirtschaftskrise, Staatsverschuldung, Arbeitslosigkeit – das alles macht der Regierung schwer zu schaffen. Er glaubte, das Kind brauche keine ärztliche Hilfe – ein tragischer Irrtum. Keine tanzt wie sie – Yvonne Mercier.

Der Gedankenstrich kann aber auch an einer Stelle stehen, an der kein anderes Satzzeichen stehen könnte:

Und sogar der Wachtposten – schlief.

Er bemüht sich sehr um Conny – bislang ohne Erfolg.

227 Der Gedankenstrich steht insbesondere vor dem Schlussteil eines Satzes, der als überraschender oder besonders nachdrücklicher Abschluss gedacht ist.

Sie trat in das Zimmer und sah – ihren Mann. Zuletzt tat er etwas, woran niemand gedacht hatte – er beging Selbstmord. Ich werde in dieser Sache nichts unternehmen – um keinen Preis. Wir mussten wählen zwischen Gehorsam und Ungehorsam – zwischen Leben und Tod. Was wir nur aus Erzählungen kennen – hier ist es Wirklichkeit. Die Behörden versuchen dem ein Ende zu setzen – bislang ohne Erfolg. Jetzt wird gespart – zum Schaden der Arbeitnehmer. Ich habe hart gearbeitet – und wozu?

228 Wenn der Gedankenstrich das Prädikat (die Satzaussage) ersetzt, bekommt der Satz einen schlagwortartigen Charakter, eine Möglichkeit der Verkürzung, die beispielsweise in Werbeslogans und Schlagzeilen genutzt wird.

Plötzlich – ein vielstimmiger Schreckensruf! Die Stadt – wie ausgestorben, die Häuser – nur noch rauchende Trümmer.
Paris – das Herz Frankreichs. Champagner – immer ein Genuss. (Werbung)
Iran – Revolution oder Reaktion? Wohlstand für alle – eine Illusion? (Zeitungsschlagzeilen)

Der einfache Gedankenstrich beim Abbruch der Rede

229 Man kann den Gedankenstrich anstelle der Auslassungspunkte (vgl. 24 ff.) setzen, wenn eine Mitteilung abbricht, etwa weil der Leser einen Satz in Gedanken ergänzen kann oder weil er im Unklaren bleiben soll. Dann wird kein Schlusspunkt mehr gesetzt (vgl. genauer 29

Die Auslassungspunkte erfüllen diesen Zweck aber besser als der Gedankenstrich, den man deshalb auf besondere Fälle beschränken sollte.

Sie können mich mal –
Leider ist diese Krankheit – aber wir wollen jetzt lieber von etwas Erfreulichem sprechen.
»Ich wollte nur –«. Hier unterbrach er mich.
Bevor sie die Besinnung verlor, stammelte sie noch: »Da, das Auto –«.
Überleg mal, was das alles für Folgen haben kann –

Ein Fragezeichen oder Ausrufezeichen nach dem Gedankenstrich muss gesetzt werden:

Schweig, du –!
Wie soll ich denn –?

Der einfache Gedankenstrich zwischen Sätzen

230 Zwischen zwei Ganzsätzen kann man zusätzlich zum Schlusszeichen einen Gedankenstrich setzen um einen Wechsel deutlich zu machen. Das ist sinnvoll, wenn man den Wechsel nicht durch einen neuen Absatz markieren kann oder will.

In dieser Funktion steht der Gedankenstrich zwischen Sätzen, bei denen der Gedanke oder das Thema gewechselt wird. Bei Platzmangel, z. B. auf einer Postkarte, kann er den üblichen Absatz ersetzen.

Wir sind leider nicht in der Lage diesen Wunsch zu erfüllen. – Besprechen wir jetzt den nächsten Punkt der Tagesordnung.
Wir sprachen in der letzten Sitzung über das Problem der Getreideversorgung. – Hat übrigens inzwischen jemand Herrn Müller gesehen?

231 Bei der Wiedergabe von Dialogen kennzeichnet der Gedankenstrich den Wechsel des Sprechenden.

»Komm bitte mal her!« – »Ja, sofort.«
»Wir haben keine Chance«, prophezeite er. – »Sei doch nicht so pessimistisch«, erwiderte seine Frau.
»Mein Sohn, was birgst du so bang dein Gesicht?« – »Siehst, Vater, du den Erlkönig nicht?« (Goethe).

Der paarige Gedankenstrich

Der paarige Gedankenstrich bei Einschüben

2 Der paarige Gedankenstrich grenzt Einschübe vom Begleitsatz ab, wenn Kommas oder Klammern nicht stark genug trennen oder wenn der Einschub besonders betont werden soll. Es steht ein Gedankenstrich vor dem Einschub und einer danach.

Eines Tages – es war mitten im Sommer – hagelte es. (*Vgl.:* Eines Tages, es war mitten im Sommer, hagelte es. Eines Tages [es war mitten im Sommer] hagelte es.)

Das erste Wort des Einschubs wird kleingeschrieben (außer natürlich wenn es ein Substantiv ist). Außerdem sind beim Gebrauch des paarigen Gedankenstrichs die Hinweise in 235 f. zu beachten.

233 Der Einschub kann ein Satz oder Teilsatz sein (vgl. 122, 127) ...

Dieses Bild – es ist das letzte und bekannteste des Künstlers – wurde nach Amerika verkauft. Ihre Forderung – um das noch einmal zu sagen – halten wir für wenig angemessen. Er verachtete – zu seiner Ehre sei es gesagt – jede Ausrede. Dieses Museum – und das ist kaum bekannt – hat eine wertvolle Fossiliensammlung. Mein Bruder – den du ja kürzlich kennen gelernt hast – hat sich verlobt.

... oder ein beliebiger Zusatz (vgl. 60).

Mein Onkel – ein großer Tierfreund – und seine Katzen leben in einer alten Mühle. Die drei größten Firmen der Branche – Lohmann, Kraus und CCP – scheinen Preisabsprachen getroffen zu haben. Mit einem Scheck über 2000 DM – in Worten: zweitausend Mark – hat er die Rechnung bezahlt. Wir beide – du und ich – wissen das genau. Das – eine Familie zu gründen – ist sein größter Wunsch. Auf dieser Lichtung kann man Rehe – gelegentlich auch Füchse – beobachten.

Der schließende Gedankenstrich muss auch gesetzt werden, wenn der eingeschobene Zusatz in eine substantivische Fügung einbezogen ist (vgl. dagegen 67):

Auf der Ausstellung waren viele ausländische – insbesondere holländische – Maschinenhersteller vertreten.

234 Wie das letzte Beispiel zeigt, kann der paarige Gedankenstrich auch an einer Stelle stehen, an der Kommas nicht zulässig sind (vgl. 32). Er kann nämlich eine Beifügung einschließen, die vor ihrem Bezugswort steht. Davon sollte man allerdings nur Gebrauch machen, wenn die Beifügung besonders umfangreich ist oder hervorgehoben werden soll.

Ich glaube an dieser – für meine weitere Untersuchung sehr wichtigen – Stelle nicht mehr der bisherigen Regelung folgen zu können. Der Autor vertritt die – zugegeben verführerische – These, dass man dieses Problem durch bloßes Nichttun lösen könne. Das hängt von den – je nach Alter und Familienstand sehr verschiedenen – Einkommensverhältnissen ab.

Der paarige Gedankenstrich in Verbindung mit anderen Satzzeichen

Richtlinien für den Einschub

5 Nach dem letzten Wort des Einschubs entfällt der Punkt.

Eines Tages – es war mitten im Sommer – hagelte es.

Nach dem letzten Wort des Einschubs entfällt das Komma. Das ist zum Beispiel zu beachten, wenn der Einschub mit einem Nebensatz oder einem nachgestellten Beisatz (Apposition) endet.

Manche Leute – etwa Ilse Kröger, unsere Vorsitzende – werden diesen Vorschlag befürworten. Philipp verließ – im Gegensatz zu seinem Vater, der vierzig weite Reisen unternommen hatte – Spanien nicht mehr.

Der Einschub kann jedoch auf ein Ausrufe- oder Fragezeichen enden.

Er weigert sich – leider! – nach Frankfurt zu kommen. Wenn wir nichts unternehmen, wird sich das Verkehrsaufkommen – ein schrecklicher Gedanke! – beinahe verdoppeln. Mein Bruder – du hast ihn doch kennengelernt? – hat sich verlobt. Sie hat das – erinnerst du dich nicht? – gestern gesagt.

Richtlinien für den Begleitsatz

6 Im Begleitsatz müssen die Satzzeichen genauso stehen, wie wenn der Einschub nicht da wäre. Man kann also den Einschub probeweise weglassen, um festzustellen, welche Satzzeichen im Begleitsatz stehen müssen. Diese Satzzeichen dürfen nicht in den Einschub verlegt werden, sondern sie stehen außerhalb der Gedankenstriche.

Häufig steht nach dem schließenden Gedankenstrich (ohne Zwischenraum) ein Komma:

Sie betonte – ich weiß es noch ganz genau –, dass sie für einen Erfolg nicht garantieren könne. (*Vgl.*: Sie betonte, dass sie für einen Erfolg nicht garantieren könne). Die Frau, mit der er sich verlobt hatte – übrigens gegen den Willen ihrer Eltern –, hat ihn kürzlich verlassen. Er behauptete – und das in aller Öffentlichkeit! –, ich hätte ihm sein Geld gestohlen.

In besonderen Fällen – etwa wenn dem Einschub eine nachgestell▌ genauere Bestimmung vorausgeht – steht das Komma besser vor de▌ ersten Gedankenstrich:

Die Firma Karl Mayer, Stuttgart, – sie feierte gerade ihr hundertjähriges Bestehen – hat ein Jubiläumsangebot gemacht. (*Stuttgart* ist nachgestellte genauere Bestimmung, vgl. 64.)

Steht ein Einschub am Ende eines einleitenden oder hinweisend▌ Satzes, dann steht der Doppelpunkt (ohne Zwischenraum) nach de▌ schließenden Gedankenstrich:

Verächtlich rief er ihm zu – er wandte kaum den Kopf dabei –: »Was willst du hier?«

Die Klammern

37 Es gibt zwei Arten von Klammern: runde Klammern und eckige Klammern. Sie haben verschiedene Funktionen, die sich aber in bestimmten Fällen überschneiden.

Runde Klammern

Erklärende Zusätze in Klammern

38 Erklärende Zusätze zu einzelnen Wörtern oder zu den Sätzen eines Textes grenzt man durch runde Klammern vom übrigen Text ab.

In Wörterbüchern und anderen Nachschlagewerken werden zur Einschließung von erklärenden Zusätzen u. Ä. gelegentlich auch eckige Klammern oder Winkelklammern (»spitze« oder »gebrochene« Klammern: <>) verwendet.

39 Worterläuterungen, geografische, systematische, chronologische, biografische Zusätze u. dgl. stehen gewöhnlich in runden Klammern.

Frankenthal (Pfalz); Beil (Werkzeug); Grille (Insekt) – Grille (Laune); Fragen der Orthographie (Rechtschreibung) und Interpunktion (Zeichensetzung); der erste Weltkrieg (1914-1918). Als Hauptwerke Matthias Grünewalds gelten die Gemälde des Isenheimer Altars (vollendet 1511 oder 1515).

40 Zusätze und Nachträge aller Art kann man mit runden Klammern vom Begleitsatz abgrenzen (zum Komma vgl. 60 ff.).

Johannes Gutenberg (der Erfinder der Buchdruckerkunst) wurde in Mainz geboren. Wir erwarten dich nächste Woche (und zwar am Dienstag). Er bezahlte mit einem Scheck über 2000 DM (in Worten: zweitausend Mark). Frau Dr. Corinna Göllner (links im Bild) hat die Stiftung ins Leben gerufen. Im Mittelpunkt dieser Komödie steht ein Student (Niko Paulsen), der vom Pech verfolgt ist. Susanne

( )

Schröder (36) wurde verhaftet. Das Bild ist (meines Erachtens) misslungen. Damit wäre dieses Thema vorerst erledigt (weitere Angaben siehe Seite 145). D... ist ein Film, den man sich ansehen kann (aber nicht muss). Till Berger ist dieses Jahr (noch) nicht Weltmeister geworden.

Wie das letzte Beispiel zeigt, können Klammern auch an einer Stell... stehen, an der Kommas nicht zulässig sind (vgl. 32). Sie können be... spielsweise eine Beifügung einschließen, die vor ihrem Bezugswo... steht:

In der Handtasche fand man Autopapiere und einen (gefälschten) Pass. Das hängt von den (je nach Alter und Familienstand sehr verschiedenen) Einkommensverhältnissen ab.

241 Wird ein Teil eines Wortes in Klammern gesetzt, setzt man mei... innerhalb der Klammer einen Bindestrich.

Ihr neues Buch ist ein (auto-)biografischer Roman. In unserem neuen Werbespo... lassen wir das Auto mitten durch eine (Styropor-)Mauer rasen.

242 Eingeschobene Sätze (Schaltsätze) kann man mit runden Klammer... vom Begleitsatz abgrenzen, besonders wenn sie ohne Nachdru... gesprochen werden. Gewöhnlich werden Schaltsätze jedoch i... Gedankenstriche (vgl. 233) oder auch in Kommas (vgl. 122) eing... schlossen.

Eines Tages (es war mitten im Sommer) hagelte es. Dieses Bild (es ist das letzte... und bekannteste des Künstlers) wurde nach Amerika verkauft. Wie die Firma mi... teilte, soll mit den Bauarbeiten (die Baugenehmigung wurde schon vor einiger Zeit erteilt) nach Ende der Frostperiode (man schätzt, Mitte Februar) begonnen... werden.

Die Mission der Sonde (sie sollte untersuchen, ob es Leben auf dem Mar... gibt) ist mit dem Absturz gescheitert.

243 Auch größere Textteile kann man in runde Klammern einschließen und auf diese Weise als selbstständige Texteinheit kennzeichnen.

Wie die Firma mitteilte, soll mit den Bauarbeiten noch vor dem Frühjahr begonnen werden. (Die Baugenehmigung wurde schon vor einiger Zeit erteilt. Es gab zunächst Schwierigkeiten mit der Genehmigung der Tiefgarage, aber inzwischen ist dieser Punkt geklärt. Auch die feuerpolizeilichen Auflagen sind sämtlich berücksichtigt worden, sodass rechtliche Probleme nicht mehr zu befürchten sind.) Nach dem Ende der Frostperiode soll es losgehen.

Runde Klammern in Verbindung mit anderen Satzzeichen

Der eingeklammerte Text ist in einen anderen Satz einbezogen

244 Ist der eingeklammerte Text in einen anderen Satz einbezogen, gelten die gleichen Richtlinien wie für den paarigen Gedankenstrich in Verbindung mit anderen Satzzeichen (vgl. 235 f.). Das erste Wort des Einschubs wird kleingeschrieben (außer natürlich wenn es ein Substantiv ist).

Manche Leute (etwa Ilse Kröger, unsere Vorsitzende) werden diesen Vorschlag befürworten. Er weigert sich (leider!) nach Frankfurt zu kommen. Mein Bruder (du hast ihn doch kennengelernt?) hat sich verlobt. Sie betonte (ich weiß es noch ganz genau), dass sie für einen Erfolg nicht garantieren könne. Im Allgemeinen gelten folgende Bestimmungen (Sonderfälle sind hier nicht erfasst): Die Anmeldung muss schriftlich erfolgen; die Anmeldefrist beträgt zwei Wochen; die Entscheidung wird nur schriftlich mitgeteilt.

245 Steht der eingeklammerte Text am Ende des Begleitsatzes, sind außerdem folgende Punkte zu beachten:

• Der Schlusspunkt des Begleitsatzes steht nach der schließenden Klammer:

»Der Staat bin ich« (Ludwig der Vierzehnte). Damit wäre dieses Thema vorerst erledigt (weitere Angaben siehe Seite 145). Mit der Produktion der neuen Modelle ist bereits begonnen worden (im Einzelnen werden wir noch darüber berichten).

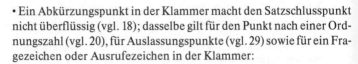

• Ein Abkürzungspunkt in der Klammer macht den Satzschlusspunkt nicht überflüssig (vgl. 18); dasselbe gilt für den Punkt nach einer Ordnungszahl (vgl. 20), für Auslassungspunkte (vgl. 29) sowie für ein Fragezeichen oder Ausrufezeichen in der Klammer:

»Der Staat bin ich« (Ludwig XIV.). Näheres finden Sie im Abschnitt »Vorsatzlinsen« (S. 233ff.). Sie hat das gestern gesagt (erinnerst du dich nicht?). Der Antrag ist vollständig ausgefüllt an die Bank zurückzusenden (bitte deutlich schreiben!).

• Endet der Begleitsatz mit einem Fragezeichen oder Ausrufezeichen, so steht dieses vor dem eingeklammerten Text. Nach der schließenden Klammer steht dann noch ein Punkt (vgl. 295):

Wie herrlich leuchtet mir die Natur! Wie glänzt die Sonne! Wie lacht die Flur! (Goethe).
Die nächste Spielzeit eröffnen wir mit der Premiere von »Wer hat Angst vor Virginia Woolf?« (Edward Albee).

Der eingeklammerte Text ist nicht in einen anderen Satz einbezogen

246 Ist der eingeklammerte Text nicht in einen anderen Satz einbezogen, stehen nach der schließenden Klammer keine weiteren Satzzeichen. Das erste Wort des eingeklammerten Textes wird großgeschrieben.

Der eingeklammerte Text behält seine Satzschlusszeichen. Er endet also mit einem Punkt …

Damit wäre dieses Thema vorerst erledigt. (Weitere Angaben siehe Seite 145.)
Sie betonte, dass sie für den Erfolg garantieren könne. (Ich weiß es noch ganz genau, da ich mir das notiert hatte. Und ich habe ihr diese Notiz auch gezeigt.) Aber heute will sie nichts mehr davon wissen.

… oder mit einem Fragezeichen oder Ausrufezeichen.

Sie hat das gestern gesagt. (Erinnerst du dich nicht?)
Der Antrag ist vollständig ausgefüllt an die Bank zurückzusenden. (Bitte deutlich schreiben!)

Eckige Klammern

▶ Zusätze und Auslassungen in wörtlich wiedergegebenen Texten:
290 ff.

▶ Eckige Klammern in Verbindung mit anderen Satzzeichen:
Hier gelten die gleichen Richtlinien wie für runde Klammern,
vgl. 244 ff.

Abstufung gegenüber runden Klammern

247 Eckige Klammern stehen bei Erläuterungen, die zu einem bereits in
runden Klammern stehenden Text gehören.

Mit dem Wort Bankrott (vom italienischen »banca rotta« [zusammengebrochene
Bank]) bezeichnet man die Zahlungsunfähigkeit. Kassiber (heimliches Schreiben
[meist in Geheimschrift] von Gefangenen und an Gefangene).

Buchstaben oder Satzteile, die ausgelassen werden können

248 Eckige Klammern machen kenntlich, dass ein Buchstabe, Wortteil
oder Satzteil weggelassen werden kann.

Das war im sieb[en]ten Jahr seiner Gefangenschaft. Ich kann kaum gehen,
geschweige [denn] laufen. Der Antrag ist vom Antragsteller [oder einem Erzie-
hungsberechtigten] zu unterschreiben. Als Novum bezeichnet man eine neu hin-
zukommende Tatsache, die die bisherige Kenntnis oder Lage [eines Streitfalles]
ändert.

Satzzeichen, die beim Weglassen eines eingeklammerten Wortes
überflüssig werden, lässt man weg:

Eine Stunde Schwimmen in tiefem, strömendem Wasser.
Eine Stunde Schwimmen in tiefem [strömendem] Wasser.

Die Anführungszeichen

▶ Anführungszeichen und wörtliche Wiedergabe: 266 f.

▶ Halbe Anführungszeichen und wörtliche Wiedergabe: 289

Die Formen der Anführungszeichen

249 Die Anführungszeichen (umgangssprachlich »Gänsefüßchen« genannt) haben im Deutschen überwiegend folgende Formen: „…"
und »…«, als halbe Anführungszeichen ,…' und ›…‹. Es werden
immer zwei Anführungszeichen gesetzt, und zwar am Anfang und
am Ende des angeführten Textes oder der Hervorhebung.

Die französische Form «…» ist im Deutschen weniger gebräuchlich
in der Schweiz hat sie sich für den Antiquasatz eingebürgert.

Die Verwendung der Anführungszeichen

Dieses Kapitel behandelt den Gebrauch der Anführungszeichen
jedoch nicht die wörtliche Wiedergabe im engeren Sinn (wörtlich
Rede, Zitate u. dgl.), der ein eigenes Kapitel gewidmet ist. Da die ha
ben Anführungszeichen nur bei der wörtlichen Wiedergabe eine Ro
le spielen (vgl. 289), beschränkt sich dieses Kapitel auf den Gebrauc
der gewöhnlichen Anführungszeichen.

250 Mit Anführungszeichen kann man einzelne Wörter, Aussprüch
Werktitel u. dgl. vom übrigen Text abgrenzen.

Anstelle der Anführungszeichen kann man oft auch eine andere Schriftart (vor
allem *Kursivschrift*) oder S p e r r u n g, KAPITÄLCHEN usw. verwenden. In wisse
schaftlichen Texten beispielsweise benutzt man solche Arten der Hervorhebung
damit die Anführungszeichen Zitaten vorbehalten bleiben:

die Endung -*ung* ; der Begriff E x i s t e n t i a l i s m u s ;
das Gedicht DER ERLKÖNIG

Überschriften, Werktitel, Namen

251 Überschriften, Werktitel (etwa von Büchern, Filmen oder Kunstobjekten), bestimmte Namen u.dgl. kann man mit Anführungszeichen vom übrigen Text abgrenzen.

Das betrifft Überschriften ...

Sie las den Artikel »Neue Friedensverhandlungen in Sicht«. Das Diktat »Ferien auf dem Reiterhof« ist schlecht ausgefallen. Der Titel von Monikas Abschlussarbeit ist »Das Unheimliche bei E.T.A. Hoffmann«.

... Werktitel ...

Wir sahen gerade im Fernsehen »Das Schweigen der Lämmer«, als das Telefon klingelte. Das erinnert an George Orwells »1984«. Diese Szene stammt aus dem Film »Die Wüste lebt«. Ist Van Goghs »Feld mit Mohnblumen« im Ausstellungskatalog abgebildet? Carl Zuckmayers Schauspiel »Des Teufels General« war ein Erfolg.

... Titel von Veranstaltungen ...

Ich habe mir die Ausstellung » Ägypten – Menschen und Mythen« angesehen. Der Kongress stand unter dem Motto »Mehr Rechte für Tiere«. Wir nehmen am Wettbewerb »Unser Dorf soll schöner werden« teil. Im Kurs »Spanisch für Anfänger« sind noch Plätze frei.

... sowie Namen von Zeitungen, Sendungen u. dgl.

»Die Zeit« ist eine Wochenzeitung. Wir sahen gerade im Fernsehen den »Tatort«, als das Telefon klingelte. Die Abteilung »Islamische Kunst« ist zurzeit geschlossen.

Auch bestimmte Eigennamen, Markennamen u. dgl. können zur größeren Deutlichkeit mit Anführungszeichen versehen werden.

Harry »Sweets« Edison ist ein bekannter Jazzer. Für die Presse war er von diesem Tag an der »König der Wallstreet«. Wir wohnen im Hotel »Europäischer Hof«. Das Forschungsschiff »Meteor« ist gestern in See gestochen. Er ist im Gesangverein »Harmonie« Mitglied. Das Modell »Rom« ist nicht lieferbar. Bring bitte eine Tüte »Nimm zwei« mit. Wenn ihr kommt, spielen wir »Die Siedler von Catan«. Das Grundstück ist unter der Bezeichnung »Wiesbaden-Frauenstein, Im Wingert 5« in das Grundbuch eingetragen worden.

252 Anführungszeichen brauchen nicht gesetzt zu werden, wenn es sich um einen bekannten Titel oder Namen handelt oder wenn aus dem Satzzusammenhang hervorgeht, dass hier ein Titel o. Ä. vorliegt:

Wir lesen zur Zeit Goethes Faust. Die Klasse führt Dürrenmatts Physiker auf. Wir wohnen im Hotel Europäischer Hof. Er hat die Frankfurter Rundschau abonniert. Wir sahen gerade im Fernsehen den Tatort, als das Telefon klingelte.

Artikel und Beugung

253 Der zu einem Titel oder Namen gehörende Artikel kann mit in die Anführungszeichen gesetzt werden, wenn der volle Titel unverändert bleibt.

Ich kaufe mir »Die Welt«. *(Oder:)* Ich kaufe mir die »Welt«.

Sie lesen »Das Lied von der Glocke«. *(Oder:)* Sie lesen das »Lied von der Glocke«.

»Der Biberpelz« ist eine Komödie von Gerhart Hauptmann. *(Oder:)* Der »Biberpelz« ist eine Komödie von Gerhart Hauptmann.

Ändert sich der Artikel durch die Beugung, dann bleibt er außerhalb der Anführungszeichen.

Sie arbeitet als Redakteurin bei der »Welt«. Das war ein Zitat aus dem »Lied von der Glocke«. Wir lesen gerade den »Biberpelz« von Gerhart Hauptmann.

Steht der Artikel außerhalb der Anführungszeichen, wird das nächstfolgende Wort großgeschrieben.

Wir lesen gerade »Der grüne Heinrich« von Keller. *(Aber:)* Wir lesen gerade den »Grünen Heinrich« von Keller.

Sprichwörter, kurze Äußerungen u. dgl., die in einen anderen Satz einbezogen sind

254 Mit Anführungszeichen grenzt man Sprichwörter, kurze Äußerungen u. dgl. ab, die in einen anderen Satz einbezogen sind.

Es handelt sich hier um eine Spielart der wörtlichen Wiedergabe, die aber nicht deren Zeichensetzungsregeln folgt, sondern wie die sonstigen Anführungen behandelt wird. Der Übergang ist allerdings fließend: Wenn man den Satz umstellt, muss er meist nach den Regeln der wörtlichen Wiedergabe behandelt werden.

Der angeführte Satz vertritt im Begleitsatz Subjekt (Satzgegenstand), Prädikatsnomen oder Objekt (Satzergänzung). Er ist vorangestellt ...

»Das ist gelogen« war mein erster Gedanke. »Ich gehe jetzt« war alles, was er sagte. »Einigkeit macht stark« ist unser Wahlspruch. »Guter Mond, du gehst so stille« ist der Anfang eines Abendlieds. »Eile mit Weile!« lautet ein bekanntes Sprichwort. »Die Buddenbrooks« heißt das gesuchte Buch. »Danke« heißt auf Französisch »merci«.

... oder in den Begleitsatz eingeschoben.

Sie wählten »Einigkeit macht stark« zu ihrem künftigen Wahlspruch. Als er »Ich komme nicht« sagte, wandte sie sich ab. Anne schrieb »Alles Gute Euch beiden!« ins Gästebuch. Beim Abschied hat sie mir »Bis bald!« nachgerufen.

255 Der angeführte Satz kann auch wie ein Beisatz (Apposition) von einem Substantiv abhängen.

Der Kongress steht unter dem Motto »Mehr Rechte für Tiere«. Mit den Worten »Lass mich in Ruhe!« lief das Kind weg.

Die Frage »Macht Rauchen süchtig?« stand im Mittelpunkt der Diskussion.

Eine Anführung kann sogar einen Artikel, ein Possessivpronomen (*mein, dein, sein* usw.) und eine Beifügung (Attribut) bei sich haben.

Mit einem lauten »Mir reichts« verließ sie den Raum. Der Kellner ärgerte sich über sein kritisches »Der Wein schmeckt nach Essig«. Da ertönte ein klägliches »Mama, wo bist du?«. Lass doch dieses ewige »Ich will nicht!«!

„ „
" "

Wörter, Wortteile und Wortgruppen, über die man eine Aussage machen will

256 Mit Anführungszeichen grenzt man Wörter, Wortteile und Wortgruppen ab, über die man eine Aussage machen will.

In wissenschaftlichen Texten werden für diesen Zweck oft halbe Anführungszeichen oder Kursivschrift verwendet.

Das Wort »Doktorand« wird am Schluss mit d geschrieben. Das Wort »fälisch« ist in Anlehnung an West»falen« gebildet. Die Präposition »ohne« verlangt den Akkusativ. Der Begriff »Existentialismus« ist schwer zu definieren. »Brot« heißt auf Englisch »bread«. Was heißt »Wo ist der Bahnhof?« auf Französisch? Nennen Sie drei Hauptwörter mit der Endung »-ung«. In der Jägersprache bezeichnet man die Augen von Rehen als »Lichter«.

Ungewöhnlich verwendete Wörter und Wendungen

257 Mit Anführungszeichen kann man Wörter oder Wortgruppen kennzeichnen, die man anders als sonst – etwa ironisch oder übertragen – verstanden wissen will. Auch ungewöhnliche Neubildungen können so hervorgehoben werden.

Er hat »nur« 2 Millionen auf dem Konto. Auf der Landwirtschaftsschau gab es allerhand »Schweinereien« zu sehen. Die zuverlässigsten Informationen über den Politiker erhielt das Ausland von dessen »treuesten« Anhängern. Er bekam wieder mal seine »Grippe«. Der Computer »merkt« sich Ihre Daten. Die fünfjährige Svenja hat eine »Unterwasser-Rakete« gemalt. Jugendliche finden diese Musik »megastark«. Für die Straßenreinigung ist jetzt ein »LANUF« (Lärmarmes Nutzfahrzeug) zuständig.

Die Anführungszeichen in Verbindung mit anderen Satzzeichen

Die folgenden Richtlinien gelten nicht für die wörtliche Wiedergabe im engeren Sinn (z. B. von direkter Rede und Zitaten), sondern nur für den sonstigen Gebrauch der Anführungszeichen. (Zur wörtlichen Wiedergabe s. 262 ff.)

Richtlinien für die Anführung

258 Die Anführung endet nie mit einem Punkt: Überschriften, Werktitel u. dgl. werden ohnehin ohne Punkt geschrieben (vgl. 7); bei Sprichwörtern und kurzen Äußerungen, die in einen anderen Satz einbezogen sind, entfällt der Schlusspunkt.

»Aller Anfang ist schwer« ist nicht immer ein hilfreicher Spruch. Der Ober ärgerte sich über sein kritisches »Der Wein schmeckt nach Essig«.

Die Anführung kann jedoch auf ein Ausrufe- oder Fragezeichen enden.

Heinrich Bölls Roman »Wo warst du, Adam?« kann ich dir sehr empfehlen. Mit einem freundlichen »Grüß Gott!« begrüßte sie die Besucher.

Richtlinien für den Begleitsatz

259 Die in diesem Kapitel beschriebenen Anführungen werden (im Gegensatz zur wörtlichen Wiedergabe im engeren Sinn) weder durch Doppelpunkt noch durch Komma abgetrennt.

Sie las den Artikel »Neue Friedensverhandlungen in Sicht« in der Wochenpost.

Ist die Anführung nachgestellt, kann sie jedoch oft auch durch einen Doppelpunkt abgetrennt werden. Dann wird der Satz nach den Richtlinien für die wörtliche Wiedergabe behandelt (vgl. 278).

Mein erster Gedanke war: »Das ist gelogen.« Ein bekanntes Sprichwort lautet: »Eile mit Weile!« Im Mittelpunkt der Diskussion stand die Frage: »Macht Rauchen süchtig?« Ein bekanntes Abendlied beginnt mit den Worten: »Guter Mond, du gehst so stille«. Er bekam Dinge zu hören wie: »Du bist eben dumm« oder auch: »Du schaffst die Schule sowieso nicht«.

260 In der Regel fügt man eine kurze Anführung ohne Doppelpunkt an, während man bei längeren einen Doppelpunkt setzen kann:

Das gesuchte Buch heißt »Die Buddenbrooks«. *(Aber:)* Das gesuchte Buch heißt: »Die Neuregelung der deutschen Rechtschreibung. Regeln, Kommentar und Verzeichnis wichtiger Neuschreibungen«.
Unser Wahlspruch ist »Einigkeit macht stark«. *(Aber:)* Unser Wahlspruch ist: »Edel sei der Mensch, hilfreich und gut.«
Was heißt auf Französisch »danke«? *(Aber:)* Was heißt auf Französisch: »Ich kann morgen nicht kommen«?

261 Im Begleitsatz müssen die Satzzeichen genauso stehen, wie wenn die Anführung nicht da wäre. Man kann also die Anführung probeweise weglassen, um festzustellen, welche Satzzeichen im Begleitsatz stehen müssen. Diese Satzzeichen dürfen nicht in den Einschub verlegt werden, sondern sie stehen außerhalb der Anführungszeichen.

Der Begleitsatz behält immer sein Satzschlusszeichen:

Wir lesen zur Zeit Shakespeares »Wie es euch gefällt«. Wer kennt das Gedicht »Der Erlkönig«? Spiel doch nicht immer die »Ungarische Rhapsodie«!

Ein Fragezeichen oder Ausrufezeichen in der Anführung macht also den Schlusspunkt des Begleitsatzes nicht überflüssig:

Ich lese gerade Bölls Roman »Wo warst du, Adam?«. Mein Lieblingsspiel ist »Fang den Hut!«.

Gehört sowohl zur Anführung als auch zum übergeordneten Satz ein Fragezeichen oder Aufrufezeichen, dann müssen beide gesetzt werden:

Kennst du Bölls Roman »Wo warst du, Adam?«? Wer spielt mit mir »Fang den Hut!«? Lass doch dieses ewige »Ich will nicht!«!

Erfordert der Begleitsatz ein Komma, so steht es außerhalb der Anführung:

Schopenhauers Hauptwerk »Die Welt als Wille und Vorstellung«, das 1819 erschien, fand zunächst keine Beachtung.

Wörtliche Wiedergabe

Die wörtliche Wiedergabe von mündlicher Rede oder Zitaten macht oft Schwierigkeiten, da hier viele Satzzeichen beteiligt sind. Dieses Kapitel erklärt »satzzeichenübergreifend«, wie man mit wörtlichen Wiedergaben umgeht.
Zum schnellen Nachschlagen wird meist der Abschnitt »Formen der wörtlichen Wiedergabe« genügen. Interessierte finden aber in diesem Kapitel auch Informationen zu den dahinter stehenden Grundregeln und zu einigen Sonderfällen wie z. B. Auslassungen in Zitaten.

Was versteht man unter wörtlicher Wiedergabe?

262 Als wörtliche Wiedergabe bezeichnet man die Wiedergabe von Sätzen oder Satzstücken im unveränderten Wortlaut, also genau so, wie sie gesagt, gedacht oder geschrieben worden sind.

Zur wörtlichen Wiedergabe gehören:

• die Wiedergabe einer direkten Rede:

»Es ist unbegreiflich, dass ich diesen Termin vergessen habe«, sagte er zu seinem Freund.
»Als ich nach Hause kam«, erinnert sich der Zeuge, »war die Wohnung verwüstet.«
»Es ist nicht auszuschließen, dass diese Chemikalien für Kinder schädlich sind«, so Frau Professor Günther.

• die Wiedergabe eines Gedankens oder einer unausgesprochenen Botschaft:

»So – das war also Paris«, dachte Frank.
Sein Brief gab mir zwischen den Zeilen zu verstehen: »Ich liebe dich.«
Mit einer unmerklichen Geste signalisierte er mir: »Lauf weg und hol Hilfe!«

• die Wiedergabe einer Textstelle aus einem Buch, Schriftstück, Brief u. dgl. (man spricht hier von einem Zitat):

»Dieses Bild ist ein oft verkanntes Meisterwerk Raffaels«, heißt es an anderer Stelle (S. 217).
Ich zitiere aus seinem Schreiben vom 2.6.97: »Die Sache darf nicht an die Öffentlichkeit gelangen.«

• die Wiedergabe einer Aufschrift auf einem Schild, einem Plakat u. dgl.:

»Betreten der Baustelle verboten. Eltern haften für ihre Kinder«, stand auf dem Schild.
Das Plakat verkündete in leuchtend roten Buchstaben: »Heute große Galavorstellung«.

• die Wiedergabe eines Sprichworts, eines Werbeslogans, einer Parole, einer Stelle aus einem Lied u. dgl.:

Ein Sprichwort lautet: »Der Apfel fällt nicht weit vom Stamm.«
Aus dem Lautsprecher dröhnte es: »Wochenend und Sonnenschein ...«
»Rettet die Wale« – das ist ihre Parole.

263 Eine indirekte Rede ist keine wörtliche Wiedergabe, denn sie bietet nicht den unveränderten Wortlaut:

(Direkte Rede:) Er bemerkte: »Das Essen ist gut.«
(Indirekte Rede:) Er bemerkte, dass das Essen gut sei. Er bemerkte, das Essen sei gut.

Von der wörtlichen Wiedergabe zu unterscheiden sind auch Nebensätze, die eine Äußerung in der Wortstellung des Aussagesatzes wiedergeben. Sie kommen in der Umgangssprache häufig vor:

Sie behauptet, er ist unschuldig (*für:* Sie behauptet, dass er unschuldig ist). Ich sage dir doch, sie ist krank (*für:* Ich sage dir doch, dass sie krank ist).

Eine wörtliche Wiedergabe liegt nicht vor, wenn Fragen, Antworten u. dgl. Teil eines Gedankengangs sind:

Die Frage ist nur: Was wird aus Max? Wie sich das Produkt verkaufen wird, kann ich Ihnen genau sagen: Es wird hundertprozentig ein Renner.

264 Wo es auf Genauigkeit ankommt (z. B. in einer wissenschaftlichen Arbeit), sollten Sie darauf achten, dass Ihre Wiedergabe der Vorlage in allen Einzelheiten entspricht. Auch veraltete Schreibweisen und Fehler sind zu übernehmen. Wenn Sie im Zitat etwas auslassen oder hinzufügen möchten, müssen Sie diesen Eingriff eindeutig sichtbar machen (vgl. 290 ff.). Und nicht zuletzt: Geben Sie an, woher das Zitat stammt, am besten noch auf der gleichen Seite, z. B. in einer Fußnote.

Grundregeln

265 Die oberste Regel für die wörtliche Wiedergabe lautet:

Satzzeichen, die zum wörtlich Wiedergegebenen gehören, setzt man vor das abschließende Anführungszeichen; Satzzeichen, die zum Begleitsatz gehören, setzt man nach dem abschließenden Anführungszeichen.

Anführungszeichen

266 Die wörtliche Wiedergabe schließt man mit Anführungszeichen ein.

Erstreckt sich eine wörtliche Rede oder ein Zitat über einen Abschnitt oder über mehrere Abschnitte, dann stehen die Anführungszeichen nur am Anfang und Ende der ganzen wörtlichen Rede, nicht aber bei jedem Absatz oder gar bei jeder Zeile. Zur Form der Anführungszeichen s. 249.

Hans sagte: »Ich komme morgen früh zurück«.
Der Redner lobte »die große Verhandlungsbereitschaft beider Seiten« und machte Vorschläge für einen Kompromiss.

Wird die wörtliche Wiedergabe durch einen eingeschobenen Begleitsatz unterbrochen, so werden die einzelnen Teile jeder für sich in Anführungszeichen gesetzt.

»Morgen früh«, sagte Hans, »komme ich zurück.«
»Der Mensch«, so heißt es in diesem Buch, »ist ein Gemeinschaftswesen.«

267 Anführungszeichen werden nicht gesetzt, wenn eine wörtliche Rede auf andere Weise optisch hervorgehoben ist. Das kann zum Beispiel durch vorangestellte Sprecherangaben in Interviews, Theaterstücken u. dgl. geschehen:

Wochenpost: Wie beurteilen Sie die wirtschaftliche Lage?
Sommer: Ich bin zuversichtlich, dass wir die gegenwärtigen Probleme in den Griff bekommen, wenn wir uns konsequent um eine Senkung der Lohnnebenkosten bemühen.
Wochenpost: Und was raten Sie bis dahin den Unternehmern?
Sommer: (...)

 Längere Zitate (etwa von 3 Zeilen an) sollte man mit typographischen Mitteln, etwa Einrückung und kleinerer Schrift, vom Rest des Textes abheben. Die Anführungszeichen entfallen dann.

Die Abtrennung vom Begleitsatz

268 Wenn die wörtliche Rede einen Begleitsatz bei sich hat, muss sie von ihm durch Doppelpunkt oder Komma abgetrennt werden (vgl. aber 272). Diese Satzzeichen stehen immer außerhalb der Anführungszeichen.

Zu Komma und Doppelpunkt innerhalb der wörtlichen Wiedergabe vgl. 281.

269 *Doppelpunkt*

Geht der Anführung der Begleitsatz (oder ein Teil von ihm) voraus, so setzt man einen Doppelpunkt vor dem eröffnenden Anführungszeichen (vgl. 278, 282).

Vor der wörtlichen Wiedergabe steht also ein Doppelpunkt, wenn der Begleitsatz vorangestellt ist:

Hans sagte: »Ich komme morgen früh zurück.«

Der Doppelpunkt steht auch, wenn die wörtliche Wiedergabe in der Begleitsatz eingeschoben ist:

Hans sagte: »Ich komme morgen früh zurück«, und stieg ins Auto.

270 *Komma*

> Folgt nach der Anführung der Begleitsatz (oder ein Teil von ihm), so
> setzt man nach dem schließenden Anführungszeichen ein Komma.
>
> Innerhalb der Anführung können zwar auch Kommas stehen, aber nie direkt
> nach dem eröffnenden oder vor dem schließenden Anführungszeichen.

Die wörtliche Wiedergabe wird also mit Komma abgetrennt, wenn
sie vorangestellt ist:

»Morgen früh komme ich zurück«, sagte Hans.

Das Komma steht auch, wenn die Wiedergabe auf ein Fragezeichen
oder Ausrufezeichen endet:

»Wann kommst du zurück?«, fragte Georg. »Pass doch auf!«, rief sie.

Das Komma nach der wörtlichen Wiedergabe steht auch dann, wenn
sie in den Begleitsatz eingeschoben ist:

Hans sagte: »Ich komme morgen früh zurück«, und stieg ins Auto.

271 Ist der Begleitsatz in die Anführung eingeschoben, so schließt man
ihn mit paarigem Komma ein.

»Morgen früh«, sagte Hans, »komme ich zurück.«

Wörtliche Wiedergaben ohne Doppelpunkt und Komma

272 Ist ein wörtlich wiedergegebenes Satzstück in den Begleitsatz einge-
baut, wird es weder durch Doppelpunkt noch durch Komma abgetrennt (vgl. 283 ff.).

Der Angeklagte gibt zu, dass er »wohl nicht mehr ganz nüchtern« war.

In besonderen Fällen kann eine kurze wörtliche Wiedergabe so eng
mit dem Begleitsatz verbunden sein, dass sie weder durch Doppelpunkt noch durch Komma abgetrennt wird. Diese Wiedergaben werden nach den Regeln in 254 f. behandelt:

»Ich gehe jetzt« war alles, was er sagte.
Er flüsterte mir »Sag es nicht weiter!« ins Ohr.
Als er »Ich komme nicht« sagte, wandte sie sich ab.

Satzschlusszeichen

Wörtliche Wiedergabe ohne Begleitsatz

273 Ist eine wörtliche Wiedergabe nicht mit einem anderen Satz verbunden, behält sie ihr Satzschlusszeichen (in der Regel den Punkt). Es steht vor dem schließenden Anführungszeichen.

»Mit großer Zuversicht wollen wir an die Arbeit gehen.« Mit diesen Worten gab der Präsident das Startzeichen zum Baubeginn.
Er blätterte in den vergilbten Seiten. »Edel sei der Mensch, hilfreich und gut.« Diesen Satz hatte er sich damals angestrichen.
Den Kultusminister ärgert die ganze Debatte. »Dass Schüler heute weniger wissen, ist Unsinn.« Mit solchen Parolen wolle man nur das deutsche Bildungssystem schlechtmachen. »In Wirklichkeit sind die Schüler motivierter und neugieriger als vor zwanzig Jahren.«

Wörtliche Wiedergabe mit Begleitsatz

274 Ist die wörtliche Wiedergabe mit einem Begleitsatz verbunden, behalten beide ihr Ausrufe- oder Fragezeichen.

Dasselbe gilt für Auslassungspunkte am Satzende.

Ein Ausrufezeichen oder Fragezeichen steht außerhalb der Anführungszeichen, wenn es nicht zur Anführung, sondern zum Begleitsatz gehört:

Hat er gesagt: »Ich komme wieder«, als er ging?
Hat er gesagt: »Ich komme wieder«?
Sag ihm: »Ich bin krank«, und huste ein bisschen!

Ein Ausrufezeichen oder Fragezeichen steht vor dem schließenden Anführungszeichen, wenn es zur Anführung gehört:

»Komm mir nicht mehr unter die Augen!«, rief sie ihm nach.
Auf dem Schild stand: »Das Betreten der Baustelle ist verboten!«
»Was hast du uns mitgebracht?«, war die erste Frage der Kinder.
Er fragte mich: »Weshalb darf ich das nicht?«

Wer hat da gesagt: »Nieder mit dem König!«?

Wenn Anführung und Begleitsatz auf ein Ausrufe- oder Fragezeichen enden, so sind beide Zeichen zu setzen:

Hast du ihn gefragt: »Wer bist du?«?
Warum hast du nicht gerufen: »Pass auf!«?
Du musst antworten: »Hau ab!«!

275 Der Begleitsatz verliert seinen Schlusspunkt, wenn die Anführung (oder ein Teil von ihr) am Satzende steht (vgl. 278, 280).

Der Begleitsatz verliert also seinen Schlusspunkt, wenn er vorangestellt ist:

Hans sagte: »Ich komme morgen früh zurück.«
Er fragte mich: »Weshalb darf ich das nicht?«
Auf dem Schild stand: »Das Betreten der Baustelle ist verboten!«
Der Tagebucheintrag vom 3. Mai endet mit den Worten: »Ich muss aufhören, darüber nachzudenken, sonst werde ich wahnsinnig …«

Der Begleitsatz verliert auch dann seinen Schlusspunkt, wenn er in die Anführung eingeschoben ist:

»Morgen früh«, sagte Hans, »komme ich zurück.«
»Entweder der Plan wird angenommen«, rief er wütend den Vereinsmitgliedern zu, »oder ich lege sofort mein Amt nieder!«

276 Die Anführung verliert ihren Schlusspunkt, wenn sie am Anfang oder im Inneren des Satzes steht (vgl. 279, 282).

»Morgen früh komme ich zurück«, sagte Hans.
Hans sagte: »Ich komme morgen früh zurück«, und stieg ins Auto.

Die Anführung verliert außerdem ihren Schlusspunkt, wenn sie am Satzende steht und der Begleitsatz auf ein Frage- oder Ausrufezeichen endet (nur bei 278 möglich).

Hat er wirklich gesagt: »Ich komme morgen«?
Schreib ihm: »Ich komme«!

Es gibt demnach nur einen (allerdings sehr häufigen) Fall, in dem die Anführung ihren Schlusspunkt behält, nämlich wenn sie (oder ein Teil von ihr) am Satzende steht und ihr Schlusspunkt den des Begleitsatzes ersetzt.

Hans sagte: »Ich komme morgen früh zurück.«
»Morgen früh«, sagte Hans, »komme ich zurück.«

277 Nicht entfallen darf der Punkt nach einer Abkürzung oder Ordnungszahl, der ja kein Satzschlusspunkt ist:

»Sein Vater ist Regierungsrat a. D.«, fügte er hinzu. »Ich schreibe ein Referat über Friedrich II.«, berichtete Marie.
Hat er wirklich gesagt: »Der Abgabetermin ist am 2. 3.«? Du musst sagen: »Der Abgabetermin ist am 2. 3.«!

Formen der wörtlichen Wiedergabe

Die wörtliche Wiedergabe hat einen Begleitsatz bei sich

278 *Typ 1: Der Begleitsatz geht voran*

———: »∿∿∿.« *(Aber:)* ———: »∿∿∿«? ———: »∿∿∿«
———: »∿∿∿!«
———: »∿∿∿?«

Die Anführung behält in der Regel ihren Schlusspunkt:

Hans sagte: »Ich komme morgen früh zurück.«
Ich zitiere aus seinem Schreiben vom 2. 6. 97: »Die Sache darf nicht an die Öffentlichkeit gelangen.«

Auf meine Frage nach der Zahl der Gäste erwiderte sie:»Fünfzehn.«
Susanne Kleinmüller gibt sich damit nicht zufrieden:»Wir werden weiterma-
chen.«
Über das Ausscheidungsspiel berichtet die Zeitung:»Das Stadion glich einem
Hexenkessel. Flaschen flogen auf das Spielfeld. Das Publikum drängte bis an den
Spielfeldrand und bedrohte unter wüsten Beschimpfungen den Schiedsrichter.«

Die Anführung verliert jedoch ihren Schlusspunkt, wenn ein Frage-
oder Ausrufezeichen des Begleitsatzes folgt:

Hat er gesagt:»Ich komme«?
Schreib ihm:»Ich komme«!

Die Anführung behält ein Ausrufezeichen oder Fragezeichen:

Sie rief:»Achtung!«
Uli fragte:»Kommst du?«
(Auch:) Er sagte:»Ich weiß nicht, wie es weitergehen soll ...«

Auch der Begleitsatz kann auf ein Fragezeichen oder Ausrufezeichen
enden:

Hast du ihn gefragt:»Wer bist du?«?
Warum hast du nicht gerufen:»Pass auf!«?
Antworte doch:»Was fällt Ihnen ein?«!
Du musst antworten:»Hau ab!«!

79 *Typ 2: Der Begleitsatz steht am Ende*

»〰〰«, ———.
»〰〰!«, ———.
»〰〰?«, ———.

Die Anführung verliert ihren Schlusspunkt:

»So stand es in der Zeitung«, bestätigte Klaus.
»Das ist eine gute Idee«, dachte ich mir.
»Ich komme morgen früh zurück«, hörte ich ihn sagen.
»Das wollte ich wirklich nicht«, stammelte sie.
»Es ist nicht auszuschließen, dass diese Chemikalien für Kinder schädlich sind«,
so Frau Professor Günther.

Die Anführung behält aber ein Ausrufezeichen oder Fragezeichen:

»Achtung!«, rief sie.
»Kommst du morgen?«, fragte Uli.
(Auch:)»Ich weiß nicht, wie es weitergehen soll ...«, sagte er.

Auch der Begleitsatz kann auf ein Fragezeichen oder Ausrufezeichen enden:

»Lassen Sie mich in Ruhe!«, hast du zu ihm gesagt?
»Was fällt Ihnen ein?«, musst du ihm antworten!

280 *Typ 3: Der Begleitsatz ist eingeschoben*

$$»\sim\!\sim\!\sim«,\ \text{———},\ »\sim\!\sim\!\sim.«$$
$$»\sim\!\sim\!\sim«,\ \text{———},\ »\sim\!\sim\!\sim!«$$
$$»\sim\!\sim\!\sim«,\ \text{———},\ »\sim\!\sim\!\sim?«$$

Die Anführung behält ihren Schlusspunkt:

»Morgen früh«, sagte Hans, »komme ich zurück.«
»Der Mensch«, so heißt es in diesem Buch, »ist ein Gemeinschaftswesen.«
»In diesem Moment«, erinnert sich die Zeugin später, »begriff ich, was vor sich ging.«
»Die neue Anlage«, heißt es in dem Bericht weiter, »kann noch vor Juni in Betrieb genommen werden.«

Die Anführung behält auch ein Ausrufezeichen oder Fragezeichen:

»Das ist eine Unverschämtheit«, rief er, »die Sie noch bereuen werden!«
»Kannst du dich wirklich«, fragte sie, »daran nicht erinnern?«
(Auch:) »Ich weiß nicht«, sagte er leise, »wie es weitergehen soll …«

281 Geschieht die Unterbrechung an einem Komma, so entfällt dieses, da vor dem schließenden Anführungszeichen nie ein Komma steht (s. 270). Man erhält also einen Satz nach demselben Muster wie oben:

»Ja«, seufzte er, »das waren noch Zeiten!« (*Ungetrennt:* »Ja, das waren noch Zeiten!«)
»Ich will schon«, beteuerte Klaus, »aber ich kann nicht.« (*Ungetrennt:* »Ich will schon, aber ich kann nicht.«)
»Es ist möglich«, antwortete sie, »dass wir heute noch abreisen.«
»Als ich nach Hause kam«, erinnert sich der Zeuge, »war die Wohnung verwüstet.«

Geschieht die Unterbrechung an einem Semikolon oder Doppelpunkt, dann rückt dieses Satzzeichen an die Stelle des Kommas nach dem Begleitsatz:

»Nur die Weisen sind im Besitz von Ideen«, schrieb einmal eine kluge Engländerin; »die meisten Menschen sind von Ideen besessen.«
»Das ist die Lösung«, rief er: »Du kommst mit!«

Geschieht die Unterbrechung an einem Satzschlusszeichen (Punkt, Ausrufe- oder Fragezeichen), so erhält man einen Satz vom Typ 2 und einen allein stehenden angeführten Satz, dessen erstes Wort großgeschrieben wird:

»Wir sollten nach Hause gehen«, meinte mein Vater. »Hier ist jede Diskussion zwecklos.«
»Kommst du mit?«, fragte Thomas. »Wir wollen schwimmen gehen.«

282 *Typ 4: Ein Teil des Begleitsatzes geht voran,*
der Rest steht am Ende

Die Anführung verliert ihren Schlusspunkt:

Wenn er zu dir sagt: »Ich komme wieder«, dann glaub ihm kein Wort.
Als ich ihn darauf ansprach, erwiderte er nur: »Das geht dich nichts an«, und verließ das Zimmer.
Gegen diese Zustände hätte schon längst etwas unternommen werden müssen: »Es wird Zeit, dass wir den gesamten Bereich neu strukturieren«, forderte denn auch Thomas Pranzel.
Als Peter sagte: »Das verstehe ich nicht«, antwortete ich: »Warte, ich werde es dir erklären.«

Die Anführung behält aber ein Ausrufezeichen oder Fragezeichen:

Sie fragte: »Brauchen Sie die Unterlagen?«, und öffnete die Schublade.
Ich dachte zuerst: »Hat er es vergessen?«, doch dann gratulierte er mir.
Als er mich fragte: »Weshalb darf ich das nicht?«, war ich sehr verlegen.
Der Vater rief ihm nach: »Pass gut auf dich auf!«, aber Clemens kümmerte sich nicht darum.
(Auch:) Er sagte: »Ich weiß nicht, wie es weitergehen soll ...«, und senkte den Blick.

Auch der Begleitsatz kann auf ein Fragezeichen oder Ausrufezeichen enden:

Hat er gesagt: »Ich komme wieder«, als er ging?
Hat er gerufen: »Nicht weiterfahren!«, oder haben Sie sich verhört?
Hat er gefragt: »Könnten Sie mir helfen?«, oder hat er sich anders ausgedrückt?
Sag ihm: »Ich bin krank«, und huste ein bisschen!
Sag ihm: »Siehst du nicht, dass ich krank bin?«, und huste ein bisschen!

283 Ein angeführtes Satzstück ist in den Begleitsatz eingebaut

Für Albert Schweitzer ist die »Ehrfurcht vor dem Leben« höchstes Sittengesetz gewesen.

Der Wunderheiler gab vor, er könne auch schwerste Krankheiten »wegmassieren«.

Der Angeklagte gibt zu, dass er »wohl nicht mehr ganz nüchtern« war.

Ein anderer Autor bedauert, »dass dieses Thema hierzulande so wenig diskutiert wird« (Jansen 1996, S. 13).

Der Autor bedauert, »dass dieses Thema hierzulande so wenig diskutiert wird. Hier besteht Nachholbedarf«, meint er.

Richtlinien für das angeführte Satzstück

284 Das angeführte Satzstück wird weder durch Doppelpunkt noch durch Komma abgetrennt; für den ausgelassenen Satzanfang oder das Satzende brauchen keine Auslassungspunkte gesetzt zu werden.

Als eine »Freundin voll mütterlicher Zuneigung« beschreibt dieser Dichter seine Gönnerin.

Ein Satzschlusszeichen wird nicht ins Zitat übernommen.

Der Autor bedauert, »dass dieses Thema hierzulande so wenig diskutiert wird«. (*Original:* »Es ist sehr bedauerlich, dass dieses Thema hierzulande so wenig diskutiert wird.«)

Beginnt jedoch mit dem Satzstück eine längere Anführung, die mit einem vollständigen Satz endet, behält dieser seinen Punkt:

Der Autor bedauert, »dass dieses Thema hierzulande so wenig diskutiert wird. Hier besteht Nachholbedarf.«

285 Ein großgeschriebenes Anfangswort darf ins Satzinnere gezogen und kleingeschrieben werden.

Nach Meinung der Opposition gibt es keine Aussicht auf einen Kompromiss, »wenn die Regierung diesen Schlamassel nicht bald in den Griff kriegt«. (*Original:* »Wenn die Regierung diesen Schlamassel nicht bald in den Griff kriegt, kann sie nicht mit einem Kompromiss rechnen.«)

Ein kleingeschriebenes Wort aus der Satzmitte darf an den Satzanfang gestellt und großgeschrieben werden.

»Dass dieses Thema hierzulande so wenig diskutiert wird«, ist für den Autor unbegreiflich.
(*Original:* »Es ist sehr bedauerlich, dass dieses Thema hierzulande so wenig diskutiert wird.«)

Richtlinien für den Begleitsatz

286 Man sollte den Begleitsatz so formulieren, dass er auf die Beugungsendungen und den Satzbau des Zitatstücks abgestimmt ist.

(*Original:*) »Ich habe mir mit meinem Kumpel doch bloß einen kleinen Spaß erlaubt.«
(*Nicht empfehlenswert:*) Er sagte aus, das Ganze sei nur ein »kleiner Spaß« gewesen.
(*Besser:*) Er bezeichnete das Ganze rückblickend als »kleinen Spaß«.

287 Im Begleitsatz müssen die Satzzeichen so gesetzt werden, als wäre das eingebaute Satzstück ein regulärer Bestandteil des Satzes.

Der Autor bedauert, »dass dieses Thema hierzulande so wenig diskutiert wird«, und mahnt zu einer intensiven Auseinandersetzung.

288 Der Begleitsatz behält sein Satzschlusszeichen.

Der Autor bedauert, »dass dieses Thema hierzulande so wenig diskutiert wird«.
Ist es nicht bezeichnend, »dass dieses Thema hierzulande so wenig diskutiert wird«?
Paula schreibt, sie sehe keine Möglichkeit das Haus zu kaufen, »außer ich gewinne im Lotto ...«.

Die halben Anführungszeichen

289 Halbe Anführungszeichen werden bei der Anführung innerhalb eines bereits in Anführungszeichen stehenden Textes verwendet.

Der Autor bemerkt: »Schopenhauers Hauptwerk ›Die Welt als Wille und Vorstellung‹ fand zunächst keine Beachtung.«
»Das war ein Zitat aus Bölls Roman ›Wo warst du, Adam?‹, den ich gerade lese«, sagte er.

Beispiele für eine eingeschobene Anführung ohne eigenes Satzschlusszeichen:

Das gesuchte Buch heißt:»Das Unheimliche in E. T. A. Hoffmanns Roman ›Die Elixiere des Teufels‹«.
»Im Kino kommt ›Das Schweigen der Lämmer‹«, stellte sie fest.
Sie sagte:»Im Kino kommt ›Das Schweigen der Lämmer‹.«
Sie fragte:»War das ein Satz aus Eichendorffs ›Ahnung und Gegenwart‹?«

Beispiele für eine eingeschobene Anführung mit eigenem Satzschlusszeichen:

Klaus schreibt:»Meine Eltern sagten gestern: ›Du musst ausziehen‹, und das haben sie ernst gemeint.«
Klaus schreibt:»Meine Eltern sagten mir gestern: ›Du musst ausziehen.‹«
Klaus schreibt:»Meine Eltern fragen immer wieder: ›Warum tust du das?‹«
Sie fragte:»War das ein Satz aus Bölls Roman ›Wo warst du, Adam?‹?«

 Sie sollten es vermeiden, mehr als zwei Anführungen ineinander zu schieben.

Auslassungen in Zitaten

290 Will man ein längeres Zitat durch Auslassen von weniger wichtiger Teilen straffen, so ersetzt man diese jeweils durch drei Punkte. Die drei Auslassungspunkte können an Stelle von Wörtern, Satzteiler oder sogar von ganzen Sätzen stehen.

»Wenn wir den Charakter unseres Ortes bewahren wollen, müssen wir … rechtzeitig … Beschwerde einlegen. … Ich fordere Sie, Herr Bürgermeister, deshalb dringend auf etwas gegen das Bauvorhaben zu unternehmen.«

Der Originaltext, eine Wortmeldung aus dem Gemeinderat, lautet so:

Wenn wir den Charakter unseres Ortes bewahren wollen, müssen wir den Bau der Durchgangsstraße verhindern und rechtzeitig beim zuständigen Amt Beschwerde einlegen. Der Schwerverkehr ist nicht nur eine Gefahr für die spielenden Kinder sondern auch eine erhebliche Lärmbelästigung für die Anwohner in der Hauptstraße, die schon jetzt über das Verkehrsaufkommen klagen. Ich fordere Sie, Herr Bürgermeister, deshalb dringend auf etwas gegen das Bauvorhaben zu unternehmen.

291 Satzzeichen, die innerhalb eines ausgelassenen Textteils stehen (z. B. Kommas, Strichpunkte, Gedankenstriche und Punkte), werden im Allgemeinen mit ausgelassen. Ein Satzzeichen am Anfang oder am Ende eines ausgelassenen Textteils muss jedoch gesetzt werden, wenn der Satzzusammenhang des verkürzten Zitats es erfordert.

»Der Schwerverkehr ist ... eine erhebliche Lärmbelästigung für die Anwohner ..., die schon jetzt über das Verkehrsaufkommen klagen.«

292 Wird der Anfang oder das Ende eines Zitats weggelassen, kann man auf Auslassungspunkte verzichten. Will man sie jedoch der Genauigkeit zuliebe setzen, dann gilt:

• Am Schluss eines Satzes ist der letzte der drei Auslassungspunkte zugleich der Satzschlusspunkt:

»Der Schwerverkehr ist nicht nur eine Gefahr für die spielenden Kinder, sondern auch eine erhebliche Lärmbelästigung für die Anwohner in der Hauptstraße ...« Mit diesen Worten mahnte der Redner zu raschem Handeln. (Originaltext s. 290.)

• Der Schlusspunkt eines vorangegangenen Satzes darf nicht in die Auslassungspunkte einbezogen werden; dasselbe gilt für den Abkürzungspunkt:

»Wenn wir den Charakter unseres Ortes bewahren wollen, müssen wir ... rechtzeitig ... Beschwerde einlegen. ... Ich fordere Sie, Herr Bürgermeister, deshalb dringend auf etwas gegen das Bauvorhaben zu unternehmen.«
»Sie lebte lange in Frankfurt a. M. ..., aber später zog es sie doch wieder in den Norden.«

• Ist der Anfang eines Zitats ausgelassen, wird nach den Auslassungspunkten kleingeschrieben (außer natürlich wenn das erste Wort ein Substantiv oder ein Name ist):

Der Redner kritisierte das Bauvorhaben: »... eine erhebliche Lärmbelästigung für die Anwohner in der Hauptstraße, die schon jetzt über das Verkehrsaufkommen klagen.«

293 Wo es auf Genauigkeit ankommt, z. B. in wissenschaftlichen Texten, verwendet man Auslassungspunkte in eckigen Klammern, die nicht mit Auslassungspunkten in der Vorlage verwechselt werden können.

Er schrieb: »Als ich die Alpen zum ersten Mal von oben sah, war ich [...] stark beeindruckt und sehr bewegt.«
(Originaltext: »Als ich die Alpen zum ersten Mal von oben sah, war ich von der Großartigkeit der Gebirgslandschaft stark beeindruckt und sehr bewegt.«)

In diesem Fall werden die Auslassungspunkte auch dann gesetzt, wenn Anfang oder Ende des Zitats ausgelassen wurden; sie können nicht mit dem Satzschlusspunkt zusammenfallen.

Er schrieb: »Als ich die Alpen zum ersten Mal von oben sah, war ich von der Großartigkeit der Gebirgslandschaft stark beeindruckt [...].«

Zusätze zu Zitaten

294 Will man in ein Zitat erklärende Anmerkungen, Sinnergänzungen u. Ä. einfügen, so setzt man sie in eckige Klammern: So können sie nicht mit schon in der Vorlage vorhandenen Zusätzen in runden Klammern verwechselt werden.

»Allzu bald war er [Thomas Buddenbrook] wieder still geworden, stiller vielleicht als vorher.«
Er schrieb: »Als ich die Alpen zum ersten Mal von oben sah [er war auf dem Flug von Frankfurt nach Rom], war ich von der Großartigkeit der Gebirgslandschaft stark beeindruckt und sehr bewegt.«
In ihren Memoiren erinnert sie sich: »Ich war damals [1927] gerade erst nach Berlin gekommen und kannte die Stadt kaum.«

Ein Ausrufezeichen in eckigen Klammern oder ein [sic] macht au[f] eine fehlerhafte Stelle im Original aufmerksam und zeigt zugleich[,] dass der Fehler nicht bei der Wiedergabe des Textes unterlaufen ist.

In Berlin lernt sie Susanne Julius kennen, die spätere Frau des Bildhauers Victor Bauer: »Ich wurde Susanne Bauer [!] vorgestellt, mit der mich bald eine enge Freundschaft verband.«
»Dies hat auch Göthe [sic] richtig bemerkt.«

295 Will man nach einer Anführung die Quellenangabe oder eine eigen[e] Bemerkung hinzufügen, so setzt man sie in runde Klammern hinte[r] das schließende Anführungszeichen.

»Ehrlich währt am längsten.« (Sprichwort)

Bei fortlaufendem Text muss man mithilfe des Satzschlusszeichen[s] deutlich machen, wohin ein solcher Zusatz gehört:

Steht nach dem schließenden Anführungszeichen ein Satzzeichen des Begleitsatzes, so setzt man den eingeklammerten Hinweis dazwischen.

Der Autor bedauert, »dass dieses Thema hierzulande so wenig diskutiert wird« (S. 115). (*Ohne Zusatz:* ... diskutiert wird«.)

Hat denn nicht Jesus gesagt: »Ihr seid das Salz der Erde« (Mt 5, 13)?

Steht nach dem schließenden Anführungszeichen kein Satzzeichen mehr, so setzt man den Schlusspunkt der Anführung erst hinter der Klammer ...

Das Thema der Predigt hätte nicht besser gewählt sein können: »Selig sind die Trauernden; denn sie werden getröstet werden« (Mt 5, 4).
(*Ohne Zusatz:* ... getröstet werden.«)

... bzw. man setzt hinter die Klammer einen zusätzlichen Schlusspunkt, wenn die Anführung mit einem anderen Schlusszeichen endet.

Schon in der Bibel heißt es bekanntlich: »Wo ist dein Bruder Abel?« (Gen 4,9).
(*Ohne Zusatz:* ...dein Bruder Abel?«)

Noch im hohen Alter zitierte er oft sein Lieblingsgedicht: »Wie herrlich leuchtet mir die Natur! Wie glänzt die Sonne! Wie lacht die Flur!« (Goethe).

Im dritten Akt kommt Maries Verzweiflung deutlich zum Ausdruck: »Ich weiß nicht, wie es weitergehen soll ...« (III 7).

Wort- und Sachregister

Die Zahlen verweisen auf die Abschnittsnummern. Hauptstellen sind fett gedruckt.

Wort- und Sachregister

axisnahe Helfer zu vielen Themen

die **DUDEN-Taschenbücher**

Komma, Punkt und alle anderen Satzzeichen
Die neuen Regeln der Zeichensetzung mit umfangreicher Beispielsammlung.
220 Seiten.

Wie sagt man noch?
Sinn- und sachverwandte Wörter und Wendungen.
219 Seiten.

Lexikon der Vornamen
Herkunft, Bedeutung und Gebrauch von mehreren Tausend Vornamen.
330 Seiten.

Wie sagt man in Österreich?
Wörterbuch der österreichischen Besonderheiten.
252 Seiten.

Wie gebraucht man Fremdwörter richtig?
Ein Wörterbuch mit mehr als 30 000 Anwendungsbeispielen.
368 Seiten.

Wie sagt der Arzt?
Kleines Synonymwörterbuch der Medizin.
176 Seiten.

Wörterbuch der Abkürzungen
Rund 40 000 Abkürzungen und was sie bedeuten.
334 Seiten.

Wie sagt man anderswo?
Landschaftliche Unterschiede im deutschen Sprachgebrauch. 190 Seiten.

Leicht verwechselbare Wörter
In Gruppen dargestellt und ausführlich erläutert.
334 Seiten.

Wie verfaßt man wissenschaftliche Arbeiten?
Ein Leitfaden von der ersten Semesterarbeit bis zur Promotion. 216 Seiten.

Wie sagt man in der Schweiz?
Wörterbuch der schweizerischen Besonderheiten.
380 Seiten.

Wörter und Gegenwörter
Gegensatzpaare der deutschen Sprache.
267 Seiten.

Jiddisches Wörterbuch
Mit Hinweisen zu Schreibung, Grammatik und Aussprache.
204 Seiten.

Geographische Namen in Deutschland
Herkunft und Bedeutung der Namen von Ländern, Städten, Bergen und Gewässern.
318 Seiten.

Die Neuregelung der deutschen Rechtschreibung
Regeln, Kommentar und Verzeichnis wichtiger Neuschreibungen.
320 Seiten.

Schriftliche Arbeiten im technisch-naturwissenschaftlichen Studium
Ein Leitfaden zur effektiven Erstellung von schriftlichen Arbeiten und zum Einsatz moderner Arbeitsmittel.
176 Seiten.

Die neue amtliche Rechtschreibung
Regeln und Wörterverzeichnis nach der zwischenstaatlichen Absichtserklärung vom 1. Juli 1996.
288 Seiten.

Redensarten
Herkunft und Bedeutung von rund 1 000 Redensarten unserer Alltagssprache.
252 Seiten.

DUDENVERLAG
Mannheim · Leipzig · Wien · Zürich

DUDEN Band 1-12

DUDEN Band 1:
Die deutsche Rechtschreibung

Das Standardwerk zu allen Fragen der Rechtschreibung. Auf der Grundlage der neuen amtlichen Rechtschreibregeln. Dieser Band enthält alle neuen Regeln und alle neuen Schreibungen. Eine vergleichende Gegenüberstellung der wichtigsten Wörter in alter und neuer Schreibung dient dem schnellen Einstieg in die neue Rechtschreibung. Der Text des amtlichen Regelwerkes ist im Anhang abgedruckt. 910 Seiten.

DUDEN Band 2:
Das Stilwörterbuch

Ist eine „heiße Scheibe" das Gegenteil einer „kalten Platte"? Bewirbt man sich „für" oder „um" etwas? Kann ein Land „im technologischen Abseits stehen"? Das DUDEN-Stilwörterbuch stellt die Verwendung der Wörter im Satz umfassend dar und zeigt die vielfältigen Ausdrucksmöglichkeiten der deutschen Sprache. 864 Seiten.

DUDEN Band 3:
Das Bildwörterbuch

Wörter und vor allem Termini aus den Fachsprachen lassen sich oft nur mit einem Bild erklären. Deshalb geht dieser DUDEN konsequent den Weg, das Wort durch das Bild zu beschreiben. Um diese Erklärungen zu vertiefen, werden dabei Bildtafeln und Wortlisten – nach Sachgebieten gegliedert – einander gegenübergestellt. 784 Seiten.

DUDEN Band 4:
Die Grammatik

Die DUDEN-Grammatik ist die vollständige Beschreibung der deutschen Gegenwartssprache. Von den Grundeinheiten Wort und Satz ausgehend, stellt sie alle sprachlichen Erscheinungen wissenschaftlich exakt und übersichtlich dar, z. B. die Laute, die Formen der Wörter, die Wortbildung und den Bau der Sätze. Die Grammatik von DUDEN ist umfassend, zuverlässig und klar – im besten Sinne des Wortes eine moderne Grammatik. 912 Seiten.

DUDEN Band 5:
Das Fremdwörterbuch

Ein unentbehrliches Nachschlagewerk für jeden, der wissen will, was Fremdwörter bedeuten und wie sie korrekt benutzt werden. Es enthält den aktuellen Fremdwortschatz unserer Zeit, so auch Neuwörter wie „Grunge" und „mobben". Rund 50 000 Fremdwörter nach den neuen amtlichen Rechtschreibregeln. Mit mehr als 400 000 Angaben zu Bedeutung, Aussprache, Herkunft, Grammatik, Schreibvarianten und Worttrennungen. 864 Seiten.

DUDEN Band 6:
Das Aussprachewörterbuch

„Myelomalazie, Probabilismus, Ysselmeer" ... Sind Sie auch bei der Aussprache des einen oder anderen Wortes ins Stocken geraten? Der 6. Band der DUDEN-Reihe enthält die Norm der deutschen Standardaussprache. In internationaler Lautschrift gibt er zuverlässig Auskunft über Betonung und Aussprache von mehr als 130 000 Wörtern und Namen. Mit seiner umfassenden Einführung ist diese DUDEN unentbehrlich in der Sprecherziehung und im Deutschunterricht und eine wertvolle Hilfe für alle, die viel in der Öffentlichkeit sprechen müssen. 799 Seiten.

DUDEN Band 7:
Das Herkunftswörterbuch

Wussten Sie schon, dass das Wort „Laune" auf das lateinische Wort „luna" („Mond") zurückgeht und dass „Sülze, Selters, Soße, Salami, Salat, Salpeter" alle mit „Salz" zusammenhängen? Dieses etymologische Wörterbuch erklärt ausführlich, woher ein Wort stammt und was es ursprünglich bedeutete. 844 Seiten.

DUDENVERLAG
Mannheim · Leipzig · Wien · Zürich

DUDEN Band 8:
Die sinn- und
sachverwandte Wörter

„Interessant, anregend, ansprechend, spannend, fesselnd, reizvoll, entzückend ...": Dieser DUDEN ist ein Wortwahlwörterbuch, in dem sinn- und sachverwandte Wörter in Gruppen zusammengestellt sind. Es hilft all denen, die den passenden Ausdruck suchen oder denen das Wort für eine bestimmte Sache gerade nicht einfällt. Mit rund 82 000 Wörtern und Wendungen, Angaben zur Stilschicht und Hinweisen zur Bedeutung ist dieses Synonymwörterbuch unentbehrlich für alle, die ihren Wortschatz erweitern und ihre Texte lebendig gestalten wollen.
801 Seiten.

DUDEN Band 9:
Richtiges und gutes
Deutsch

Schreibt man „italienischer" oder „Italienischer Salat"? Heißt es „Die Indizien, auf Grund deren ..." oder „Die Indizien, auf Grund derer sie verurteilt wurde, reichen nicht aus"? Ob neue Rechtschreibung, Stil oder Grammatik: Dieser DUDEN gibt Sicherheit in allen sprachlichen Zweifelsfällen. Darüber hinaus enthält er eine Fülle nützlicher Hinweise, etwa zum Gebrauch von Fremdwörtern oder zum Verfassen eines Bewer-

bungsschreibens. Ein unentbehrliches Nachschlagewerk für alle, die richtiges und gutes Deutsch schreiben wollen. 859 Seiten.

DUDEN Band 10:
Das Bedeutungs-
wörterbuch

Dieses moderne Lernwörterbuch ist wichtig für den Spracherwerb und fördert den schöpferischen Umgang mit der deutschen Sprache. Auf einem Grundwortschatz von rund 16 000 Wörtern aufbauend, bietet der Band einen Aufbauwortschatz mit 75 000 sinn- und sachverwandten Wörtern und Wortzusammensetzungen. Außerdem enthält er die produktiven Wortbildungsmittel der deutschen Sprache. Mit Anwendungsbeispielen und Abbildungen.
797 Seiten.

DUDEN Band 11:
Redewendungen und
sprichwörtliche Redens-
arten

Mit diesem Band der DUDEN-Reihe kann Ihnen so schnell niemand mehr ein X für ein U vormachen. Denn dieses Wörterbuch enthält die geläufigen Redewendungen der deutschen Sprache

wie „auf Draht sein", „kalter Kaffee", „bei Nacht und Nebel" oder „seinem Affen Zucker geben". Alle Einträge werden in ihrer Bedeutung, Herkunft und Anwendung genau und leicht verständlich erklärt. Wer Sprache kreativ einsetzen will oder muss, findet in diesem Band treffende und bildhafte Redewendungen, „wie sie im Buche stehen". Mehr als 10 000 feste Wendungen, Redensarten und Sprichwörter.
864 Seiten.

DUDEN Band 12:
Zitate und Aussprüche

Wie oft grübeln wir darüber nach, von wem ein bestimmtes Zitat oder ein bestimmter Ausspruch stammt? Wer sagte „... denn bei uns liegen Sie richtig"? Wer rief „O Herr, er will mich fressen!", und woher stammt eigentlich die Erkenntnis „Der nächste Winter kommt bestimmt"? Vom „Klassiker" bis zum modernen Zitat aus Film, Fernsehen oder Werbung: Der 12. Band der DUDEN-Reihe verrät die Herkunft und erläutert den aktuellen Gebrauch der im Deutschen geläufigen Zitate. Darüber hinaus enthält er eine Sammlung geistreicher Aussprüche, Bonmots und Aphorismen, mit denen sich eine festliche Rede ebenso ausschmücken lässt wie ein Referat, ein Diskussionsbeitrag oder Ähnliches.
832 Seiten.

DUDENVERLAG
Mannheim · Leipzig · Wien · Zürich

Die universellen Seiten der deutschen Sprache
DUDEN-Universalwörterbuch

Deutsche Sprache, wie sie im Buche steht. Dieses umfassende Bedeutungswörterbuch ist ein unentbehrliches Nachschlagewerk für alle, die mit der deutschen Sprache arbeiten oder an der Sprache interessiert sind. Auf der Grundlage der Neuregelung der deutschen Rechtschreibung sind hier über 120 000 Stichwörter, mehr als 500 000 Angaben zu Rechtschreibung, Aussprache, Herkunft, Grammatik und Stil zu finden. 150 000 Anwendungsbeispiele beschreiben den richtigen Gebrauch der Wörter. Auf 1 826 Seiten wird der Wortschatz der deutschen Sprache in seiner ganzen Vielschichtigkeit dargestellt. Eine Grammatik für Wörterbuchbenutzer rundet den Band ab.

DUDENVERLAG
Mannheim·Leipzig·Wien·Zürich